I0840724

GUÍA ARQUEOLÓGICA DE NAVARRA

Un viaje al pasado de Navarra desde
el conocimiento de su patrimonio arqueológico

Julio Asunción

1ª edición. 2014, 2ª edición 2018
Texto, fotos, diseño y maquetado: © Julio Asunción
ISBN: 9781731034342
Depósito legal: DL NA 1926-2014
Impreso en España / Printed in Spain

A mis padres, mi origen.
A Susana, mi presente.
A mi hijo Telmo, mi futuro.

ÍNDICE

Navarra ha sido sitio de paso a lo largo de la historia. El Pirineo y el corredor del Ebro fueron las puertas de entrada de pobladores e influencias culturales que han dejado su impronta en yacimientos arqueológicos repartidos por toda la geografía de la Comunidad Foral.

Estos yacimientos arqueológicos son muestras del pasado remoto y de un rico patrimonio cultural en gran parte desconocido.

Esta guía pretende llevar al lector en un viaje hacia el pasado a través de las huellas que dejaron nuestros ancestros en el territorio que hoy es Navarra.

Un viaje de cuevas prehistóricas, monumentos megalíticos, poblados de la Edad del Hierro y ciudades romanas espera al lector.

Un viaje que lleva desde el Paleolítico hasta el siglo V d. C. y que invita a acercarse a estos lugares del pasado a conocer cómo vivían, qué paisajes habitaban, y que inquietudes religiosas movían a los primeros pobladores de estas tierras.

Para ello, además de la información necesaria para interpretar los diferentes yacimientos, también se aportan los datos para visitarlos. Acercarse a los yacimientos arqueológicos ayuda a comprender mejor los modos de vida de nuestros antepasados.

La relación de yacimientos se completa con la visita al Museo de Navarra, en Pamplona, con salas dedicadas a la Prehistoria y a Roma. Aquí se custodian algunos de los materiales arqueológicos más importantes encontrados en la Comunidad Foral. Haber visitado los lugares de donde proceden da una nueva dimensión a estas piezas arqueológica.

A este conocimiento de la historia de Navarra se puede sumar la experiencia de una puesta de sol entre las ruinas de una ciudad romana, caminar entre bosques que fueron territorio de caza prehistórica, otear el horizonte desde un poblado de la Edad del Hierro o seguir los pasos de las legiones romanas sobre una calzada antigua. Con un poco de imaginación podemos ver Navarra desde los ojos de un cazador paleolítico, de un pastor constructor de dólmenes, o de un patricio romano retirado en su lujosa villa.

INTRODUCCIÓN HISTÓRICA

Las primeras huellas del hombre en Navarra se remontan más de 350.000 años en el pasado. Los primeros pobladores habitaron en las terrazas fluviales de los principales ríos y en Urbasa. Los restos son escasos: algunos útiles de piedra encontrados en Galar, y, más tardías, hachas de piedra en Urbasa, Lumbier y en las cuencas del Ega y del Arga.

Hace aproximadamente 80.000 años hace su aparición en la Península Ibérica el hombre de Neanderthal. Son cazadores especializados que han mejorado notablemente sus instrumentos líticos. Dejaron pocos restos en Navarra, seguramente por el endurecimiento del clima que hizo que el poblamiento de lo que hoy es Navarra fuera escaso. En las cuevas de Coscobilo, Berroberría y Abauntz han

Bifaz paleolítico

aparecido restos de este periodo prehistórico.

El hombre de Neanthertal es sustituido hacia el 35.000 a. C. por el hombre de Cromagnon, antepasado directo del hombre actual. Además de una mejora notable en la talla del sílex, los recién llegados utilizan otros materiales como el asta o el hueso para hacer sus herramientas. Aparece el arte, expresión de la espiritualidad de los nuevos pobladores. Los grabados de la cueva de Alkerdi son el mejor ejemplo en Navarra. En esta etapa conocida como Paleolítico superior, los yacimientos son más abundantes y se encuentran principalmente en cuevas que eran usadas como lugar de habitación.

Una mejora importante en el clima se produce hace 10.000 años. La habitación en cuevas en la montaña se diversifica con poblados al aire libre. Es el periodo conocido como Epipaleolítico o Mesolítico. El cambio en el clima trae también un cambio en la vegetación y en las especies animales que son presa de los cazadores prehistóricos. Ciervos y jabalíes sustituyen a bisontes y renos.

Pero la verdadera revolución en los modos de vida se produce con el comienzo del Neolítico. La llegada a la Península Ibérica de la agricultura desde Oriente Próximo hacia el 4000 a.C. trae consigo la sedentarización de las poblaciones humanas y como consecuencia, una nueva organización social. Aparece la cerámica para almacenar los excedentes de estas nuevas sociedades productoras. Se producen cambios importantes en las creencias religiosas, de lo que es muestra la aparición del megalitismo, monumentos prehistóricos construidos con grandes piedras que se reparten por buena parte de la geografía navarra.

La llegada del uso de los metales a Navarra se produce en el segundo milenio antes de Cristo, pero aun es meramente testimonial. Las herramientas se siguen fabricando principalmente con sílex.

Esto cambiará con la llegada de nuevas corrientes culturales por los pasos pirenaicos y el valle del Ebro a comienzos del primer milenio antes de Cristo. Aparecen otras prácticas religiosas. Se utiliza el bronce y el hierro para fabricar utensilios, adornos y armas. Los poblados tienen un incipiente urbanismo y suelen estar situados en cerros que facilitan la defensa a la vez que permiten un control visual del territorio. En vez de inhumar los cadáveres en megalitos, ahora se incineran y depositan en urnas funerarias que forman los llamados "campos de urnas" a las afueras de los poblados.

Punta de flecha
de Bronce

La montaña navarra queda en parte al margen de estas influencias. Perviven aquí modos de vida ganaderos mas enraizados con el periodo anterior. Aunque los cadáveres se incineran, continúa aquí el megalitismo con otra de sus manifestaciones, los crómlechs, círculos de piedras hincadas en el suelo que rodean el lugar donde se depositan las cenizas.

En el siglo IV. a. C. llegan desde la meseta y por el corredor del Ebro influencias celtíberas. Un sustrato de población paleolítica originaria completado con migraciones venidas de más allá de los Pirineos y desde el sur va a conformar la población que los romanos denominan pueblo vascón.

Los romanos llegan al valle medio del Ebro a comienzos del siglo II. a.C. No encuentran en este territorio un poder único y definido. Al sur una serie de poblados que se disputan el control del territorio entre sí. Al norte, en la montaña, clanes pastoriles anclados en modos de vida ancestrales.

El control por los recién llegados fue facilitado por la división de poder que encontraron en la zona. Pompeyo planta sus cuarteles de invierno en lo que hoy es Pamplona en el 75-74 a.C. dando origen al nombre con el que hoy conocemos a la capital navarra (Pompeyo - Pompelo - Pamplona). Los vascones se iban integrando poco a poco en la órbita romana. Yacimientos como la ciudad romana de Cara, edificada sobre un anterior poblado vascón, muestran esta progresiva romanización de los poblados de la Edad del Hierro en Navarra.

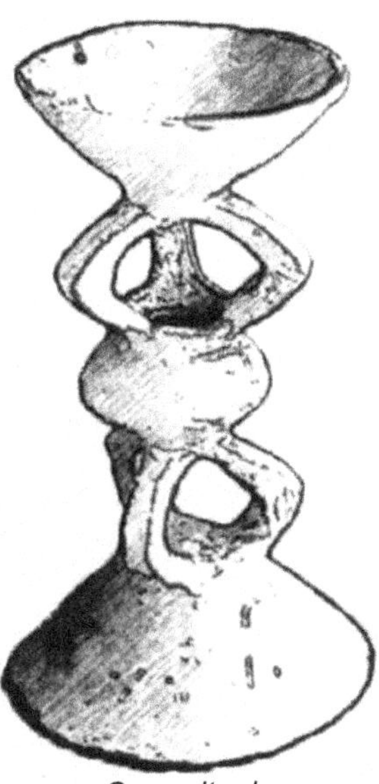

Copa ritual celtíbera

El interés de Roma hacia la Península Ibérica se centraba en la explotación de su riqueza agrícola y minera. Eso hizo que en Navarra la huella romana fuera mucho mayor en el sur que en la montaña, que no ofrecía grandes atractivos para el Imperio.

Lo que hoy es Navarra quedó incorporada a la provincia de Hispania Citerior, cuya capital era Tarraco (Tarragona).

Restos importantes de este periodo han quedado en Navarra. Hoy todavía podemos visitar ciudades como Andelos o Cara, acueductos como el de Lodosa o villas como las de Arellano o Liédena.

Con los conflictos políticos y militares del siglo III a.C. empezó el fin del Imperio Romano. Francos y alamanes entran por el Pirineo en la Península Ibérica en el año 276 dejando la destrucción a su paso, como se puede apreciar en muchos yacimientos arqueológicos navarros. Vándalos y alanos hacen lo mismo en el 409. Por último, los visigodos, en principio aliados de Roma, toman definitivamente el control de la antigua Hispania con la desaparición del Imperio Romano de Occidente en la segunda mitad del siglo V.

*"Quien no conoce su historia siem-
pre será un niño."*

*"La vida de los muertos perdura en
la memoria de los vivos."*

*"No hay nada hecho por la mano
del hombre que tarde o temprano el
tiempo no destruya"*

Marco Tulio Cicerón (106-43 a.C.)

En las siguientes páginas el lector podrá acercarse a los principales yacimientos arqueológicos de Navarra. Están ordenados de manera cronológica, desde el Paleolítico hasta la época romana. Al final de la descripción del yacimiento arqueológico se indica cómo poder visitarlo. Un mapa y las coordenadas GPS (Datum ED50) ayudan a su localización exacta.

Puedes encontrar más rutas arqueológicas en Navarra e información adicional sobre los yacimientos de esta guía en mi blog:
http://arqueologianavarra.blogspot.com
Y si visitas Alicante también te puede interesar este otro blog de rutas arqueológicas:
http://arqueologiaalicante.blogspot.com

MAPA DE YACIMIENTOS

En este mapa se localizan los yacimientos arqueológicos detallados en esta guía.

17

CUEVA DE ABAUNTZ

Entrada a la cueva de Abauntz

En el valle de Ultzama, a kilómetro y medio del pueblo de Arraitz, se encuentra la cueva de Abauntz. Su nombre viene del lugar donde está ubicada, en el barranco de Abauntz, por el que discurre el arroyo Zaldazain poco antes de unirse al río Ultzama.

La cueva es de pequeñas dimensiones. Su boca es triangular con poco mas de dos metros de anchura y orientada al sur. El pequeño tamaño de la cueva contrasta con la importancia que ha adquirido dentro de la arqueología de Navarra.

La cavidad fue descubierta por J.M. de Barandiarán y T. de Aranzadi en 1932. Es uno de los yacimientos arqueológicos mejor estudiados de Navarra. Se empezaron las excavaciones en 1976 y desde entonces ha dado muchos hallazgos interesantes. Pero sin duda, el más importante, el que hizo a este yacimiento aparecer en revistas, periódicos y televisiones, es la aparición del mapa más antiguo que se ha encontrado en toda Europa Occidental. Hoy lo podemos ver en el Museo de Navarra.

Un grupo de investigadores aragoneses, encabezado por la catedrática de Prehistoria Pilar Utrillo, descubrieron este mapa de 13.600 años de antigüedad. Está grabado a buril en un bloque de piedra de 20 cm. de largo y de un kilo y medio de peso. La piedra es caliza, blanda por fuera, lo que facilitó su grabación. Este importante hallazgo fue publicado en julio de 2009 en la revista "Journal of Human Evolution". La noticia daba un carácter excepcional a este yacimiento arqueológico.

En 1993 se encontraron dos bloques de piedra adornados con arte grabado. Tras quince años de investigaciones se desveló la utilidad de cada bloque. Uno se usaba como lámpara de iluminación con ríos y animales dibuja-

Mapa de Abauntz - Museo de Navarra

dos en su lateral. El otro es el que representa el paisaje cercano a la cueva. Aparecen los ríos, montes, charcas y también los animales que se cazaban en la zona. En el mapa están señalados puntos que podrían indicar lugares de aprovisionamiento de sílex, agua, setas, caza o refugio, así como los caminos o pasos para sortear los ríos y otros accidentes naturales.

En el mapa se representa la foz que se forma entre el monte San Gregorio y la peña de Abauntz que debió ser un sitio estratégico para la caza. Los pobladores prehistóricos de la cueva aprovecharían este estrechamiento natural a modo de trampa para conducir a las presas a un lugar favorable para su caza.

Desde la cueva se aprecia perfectamente el perfil del monte San Gregorio tal como se ha representado en el bloque de

Monte San Gregorio

piedra. Se domina la foz y el paisaje que debían cubrir estos cazadores en sus expediciones cinegéticas. Al fondo, hacia el sur, cierra el paisaje el monte Arañotz.

Este hallazgo no hizo mas que ratificar la importancia de este yacimiento arqueológico, ya que las investigaciones demuestran su ocupación desde el Paleolítico medio y superior hasta la edad del Bronce, con una de las secuencias más completas de la Prehistoria navarra.

La cueva fue ocupada en el Paleolítico medio, por el hombre de Neandertal, con un nivel datado en el 44000 a.C. Aparecieron de esta época bifaces y hendedores de gran calidad que sólo se pueden comparar con los encontrados en la cueva del Castillo, en Cantabria. También apareció un cráneo de oso.

En el Paleolítico superior destacan los niveles correspondientes al Magdaleniense, hacia el 11500 a.C. Es en este periodo cuando fue realizado el mapa. De esta época destaca también la hermosa cabeza de caballo grabada en otra piedra que es una de las mejores muestras de arte prehistórico de la Comunidad Foral.

En estos niveles aparecieron los restos de tres hogares alrededor de los cuales realizaban sus actividades los habitantes de la cueva.

Monte Abauntz

Siguen un nivel del Aziliense, periodo de finales del Paleolítico Superior, otro neolítico con cerámica y en el Calcolítico, hace 4000 años, usaron la cueva como lugar de enterramiento. Aparecieron más de un centenar de cadáveres. Unos en fosa, otros en cista de piedra, otros incinerados y, en la última fase, depositados en grupo en el suelo acompañados de puntas de flechas. También hay un nivel de la Edad del Bronce. Los últimos que dejaron su huella fueron los romanos del Bajo imperio que usaron la cueva para enterrar sus tesorillos de monedas en tiempos revueltos.

Para proteger la cavidad de expolios, se colocó un cierre a la entrada de la cueva. Puede ser, debido a la importancia histórica de la cavidad, que sea en el futuro habilitada su visita. De momento se ha salvado del proyecto de construcción de un embalse que la habría hecho desaparecer bajo las aguas.

Entrada de la cueva protegida con enrejado

Hoy podemos recorrer estos paisajes que quedaron en la retina de ese cazador paleolítico y que luego plasmó en un humilde bloque de piedra que hoy es una de las piezas arqueológicas mas importantes de la prehistoria europea.

Este cazador junto a otros compañeros usaron la cueva como lugar de ocupación temporal, como campamento de caza. ¿Sólo ellos?

Si seguimos las tradiciones y leyendas del lugar, eran las lamias, seres mitológicos que habitaban cuevas y lagos, quienes vivían en la cueva.

Estas solían pedir leche a los pastores de la zona. Un día un pastor les gastó la pesada broma de mezclar boñiga de vaca con la leche. Cuando las lamias se dieron cuenta, persiguieron al pastor hasta la entrada del pueblo. El pastor se salvó gracias a las campanadas de medianoche de la iglesia que hicieron huir alas lamias. Pero éstas no dejaron de echar sus maldiciones al bromista...

¿Cómo llegar?

Arraitz está cerca de la N-121-A, la carretera que de Pamplona lleva a Irún. El desvío al pueblo está pocos kilómetros antes de llegar al puerto de Belate. Para llegar a la cavidad hay que salir del pueblo por su parte norte, junto a la iglesia, por la pista de cemento que lleva al cementerio. Un centenar de metros antes de llegar al mismo, hay que desviarse a la derecha por una pista de tierra, siguiendo el poste que nos indica la dirección hacia el arroyo Zaldazain. Un kilómetro mas adelante llegamos al arroyo y al puente que lo cruza.Una veintena de metros pasado el puente, a la derecha, sale un empinado sendero que lleva en un par de minutos a la cueva.

SENDERO DE LAS CUEVAS

Cueva de Berroberría

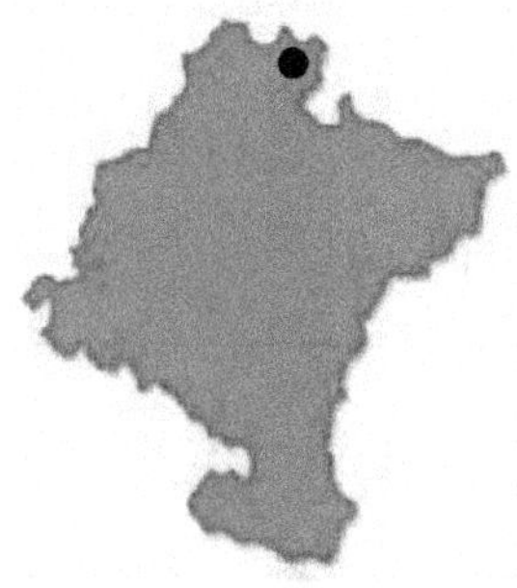

En el extremo norte de Navarra el sendero local S.L. NA- 16 une las cuevas de Ikaburu, Berroberria, Alkerdi, Zugarramurdi y Sara, esta última ya en territorio francés. El recorrido está señalizado a lo largo de sus casi 7 kilómetros con un curioso caballo azul que recuerda a las representaciones de caballos del arte rupestre paleolítico.

Todas estas cuevas estuvieron habitadas en la prehistoria. El sendero se inicia en el área recreativa de la cueva de Ikaburu en Urdax a 80 kilómetros de Pamplona. La cueva de Ikaburu tiene visitas guiadas y destaca por la belleza de sus formaciones kársticas. Estuvo habitada por el hombre en el Paleolítico superior. En los jardines que rodean la cueva hay una placa de piedra con represen-

taciones de los graba-
dos prehistóricos de
la cueva de Alkerdi,
siguiente objetivo de
la ruta.

Siguiendo el sendero local, en un cortado calizo se encuentran las cuevas de Berroberria y Alkerdi. Las cuevas de

Cueva de Berroberría

Alkerdi y Berroberria pertenecen también al municipio de Urdax. Están a unos 20 kilómetros de la costa y a poco más de un centenar de metros sobre el nivel del mar.

Berroberria es de pequeñas dimensiones (18x25 metros). Los pobladores prehistóricos ocupaban la zona de la entrada de la cueva. El yacimiento fue descubierto por Norbert Casteret en 1930. Luego el Marqués de Loriana, Rivera Manescau y principalmente Juan Maluquer de Motes e Ignacio Barandiaran estudiaron la cavidad.

En Berroberría han aparecido restos de ocupación que datan del Magdaleniense, Aziliense , Mesolítico y Neolítico.

Grabados de Alkerdi según calco de Ignacio Barandiarán

Es muy interesante el estudio que se realizó sobre los restos de aves que se encontraron en la cavidad.

Documentan una caza especializada. Huesos de águila, ánade real, chova piquigualda y pato havelda se han encontrado en la cueva. Pero el objetivo preferente de los cazadores era la perdiz nival. Las piezas eran descuartizadas en el lugar de caza y luego descarnadas cuidadosamente en la cavidad. La carne era secada y ahumada para conservarla y consumirla en periodos de escasez. Berroberria es el yacimiento más antiguo donde se documentan estas prácticas sobre pequeños vertebrados.

La cueva de Alkerdi se encuentra a pocos metros de la cueva de Berroberría. En el interior de la cueva, sobre una estalagmita, están grabadas las representaciones de un ciervo, un bisonte y el cuarto trasero de

Cueva de Alkerdi

un caballo. Fueron descubiertas por Casteret en 1933. Los grabados son de estilo Magdaleniense, con 13000 años de antigüedad. Recientemente han aparecido en la cueva más muestras de arte rupestre que todavía están en estudio y que son las muestras de arte rupestre más antiguas de Navarra.

La primera ocupación de la cueva fue bastante antes de la ejecución de los grabados. En el vestíbulo de la cavidad aparecieron abundantes instrumentos líticos cuya tipología se encuadra en el Gravetiense, un periodo más antiguo del Paleolítico Superior. Esta adscripción de la ocupación más antigua del paraje quedó confirmada con las pruebas de Carbono 14 sobre huesos de macromamíferos que dan a los restos 26000 años de antigüedad.

Debido a su importancia arqueológica y al gran valor de los grabados rupestres ambas cuevas están protegidas con un vallado.

El sendero local continúa hasta la población de Zugarramurdi con sus famosas cuevas. Aunque también fueron ocupadas en la prehistoria hoy son mucho más conocidas por los akelarres de brujas que se celebraron en ellas.

Fuera del ámbito de Navarra, es muy interesante la visita a las cuevas de Sara, donde finaliza el sendero. En estas cuevas está documentada la ocupación más antigua de la zona, con niveles del Paleolítico medio, hace más de 45000 años. También fue ocupada en el Paleolítico superior, en el Neolítico y en la Edad del Bronce. Como Ikaburu y Zugarramurdi, también son visitables.

Aunque todas las cuevas que une el sendero local tienen acceso más rápido en coche, es preferible hacer el recorrido a pie. El sendero permite disfrutar de espléndidos paisajes de prados, bosques de hayas, castaños y robles. Al mismo tiempo recorreremos los territorios de caza de los pobladores prehistóricos que ocuparon las cuevas hace miles de años.

Cueva de Zugarramurdi

¿Cómo llegar?

Urdax se encuentra cerca de la N-121-B. Una vez pasado el puerto de Otsondo y antes de entrar en Dantxarinea la NA-4402 lleva al pueblo. A la entrada de Urdax hay indicaciones que llevan a la cueva de Ikaburu, donde empieza la ruta senderista. Si preferimos acercarnos en coche a Zugarramurdi hay que coger la NA-4401 en Dantxarinea. También en el pueblo hay indicaciones que llevan a la cueva. Berroberría y Alkerdi no están indicadas. Para acercarnos a ellas en coche, hay que tomar la pista que nace enfrente de la ermita de San Esteban, a 1 Km. de Zugarramurdi con indicación "Argangoita Azkar". El vehículo se deja junto a las bordas. El caballo azul pintado que marca el sendero lleva en algo más de un kilómetro de caminata (10 minutos) a las cuevas.

Ikaburu ,Zugarramurdi y Sara tienen visitas guiadas (consultar horarios según temporada). Berroberría y Alkerdi están valladas para proteger su patrimonio arqueológico.

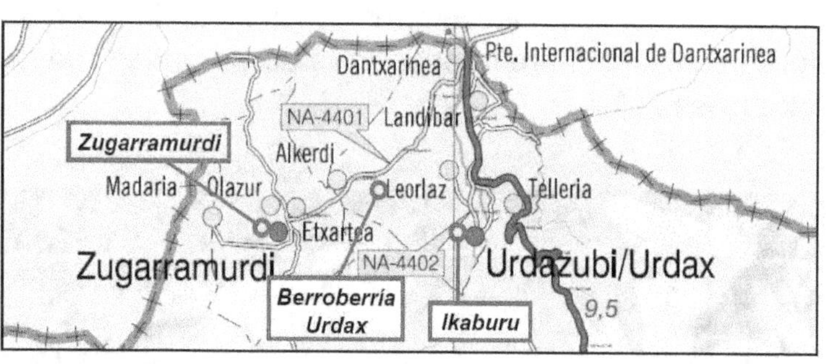

Geolocalización:

Ikaburu	Berroberría y Alkerdi	Zugarramurdi
x 620818	x 619905	x 618015
y 4792825	y 4792423	y 4791934
mapa 1:25.000 66-I Urdax		mapa 1:25.000 65-II Bera de Bidasoa

CUEVA DE ZATOYA

Entrada principal de la cueva de Zatoya

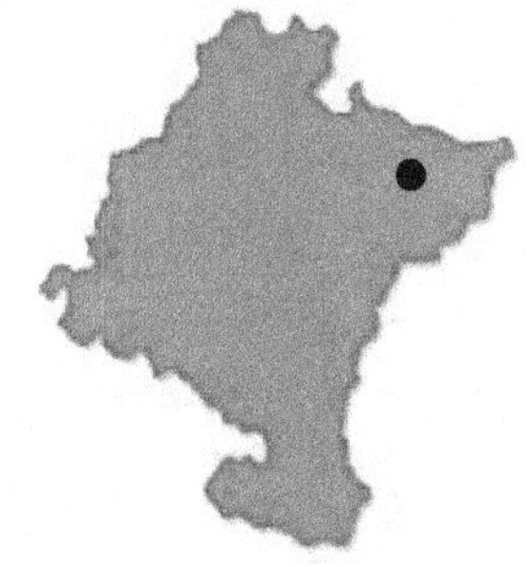

La cueva de Zatoya es uno de los yacimientos clave para el estudio de la transición entre el Paleolítico y el Neolítico en el norte peninsular. Además, ha dado excelente información sobre el modo de vida de los cazadores prehistóricos de la montaña navarra.

La cueva fue descubierta en 1975 gracias a unos trabajos en una cantera al hacer las obras de la carretera cercana. Al sacar piedra se abrió la entrada que se encuentra hoy al fondo de la cantera. Un poco mas arriba, a la derecha, se encuentra la entrada natural. Ambas están protegidas con vallado para asegurar la integridad del yacimiento. Los primeros habitantes de la cueva parece que fueron los osos, tal como acreditan los restos encontrados en el interior de la cavidad (un maxilar, dientes, vértebras, etc.). Los pobladores prehistóricos habitaron principalmente en la entrada de la cueva. Aquí aparecieron más de 1.000 utensilios tallados en sílex. Su cronología abarca desde el Paleolítico Superior, Epipaleolítico, Neolítico y Edad del Bronce. En este último periodo Zatoya se usó como cueva de enterramiento.

Entrada abierta en la cantera

Las pruebas de Carbono-14 han ayudado a datar el yacimiento arqueológico. En el Paleolítico superior la ocupación de la cueva se da en dos etapas. La primera fechada hacia el 26000 a.C. La segunda, más importante, en el Magdaleniense, hacia el 10500 a.C.

La cueva de Zatoya era el campamento base de grupos de cazadores paleolíticos especializados. Sus presas eran preferentemente el ciervo y el jabalí. También cazaban caballos, corzos y cabras montesas. Incluso hay alguna presencia de reno en los niveles más antiguos que indican periodos de clima más frío.

Además de los abundantes restos de fauna, ha aparecido una completa representación de los instrumentos líticos que usaban. Se ha llegado a precisar el lugar donde conseguían la materia prima. El 81% del sílex utilizado era de origen local, obtenido a menos de dos kilómetros de la cueva. Pero para conseguir piezas de mejor calidad, se desplazaban al paraje de Artxilondo, situado a 11 kilómetros en línea recta al norte de Zatoya y a 14 kilómetros a pie. Para llegar allí debían superar la sierra de Abodi y atravesar buena parte de la selva de Irati. Mucho más escasos son los útiles fabricados en asta o hueso.

La cueva de Zatoya era refugio temporal de cazadores en las estaciones de clima más benigno, sobretodo en verano. La cavidad podría albergar a docena y media de individuos. De aquí partían en sus expediciones venatorias por los alrededores. Las presas se traían enteras a la cueva, donde se desollaban y descuartizaban.

También se ha estudiado el territorio de caza de los habitantes de Zatoya. Se estima un radio de 10 kilómetros aplicando correcciones por las montañas y otros accidentes geográficos que rodean el yacimiento.

Vallado de protección de la cueva

El paisaje que habitaron estos cazadores era el propio de una zona que combina rasgos atlánticos y de alta montaña (subalpino). Domina el bosque caducifolio de haya, roble, avellano y fresno con manchas de pino albar. Los cazadores se movían por la cuenca del Zatoya y el Salazar y hacia el oeste llegaban hasta la cuenca del Irati, a la altura de Aribe. Hacia el norte, los montes de Abodi y Berrendi harían de límites y al sur Baigura, Bizcailuz y Remendía. En este territorio podían diversificar la caza. Tenían parajes abiertos y de pradera para cazar caballos, bosques donde buscar al jabalí o al ciervo, y roquedos donde perseguir a las cabras montesas.

En la cueva de Zatoya se pueden distinguir las primeras influencias del Neolítico sobre los grupos de cazadores, lo que llevaría, con el paso del tiempo, a las primeras sociedades productoras. Aquí y en la cueva de Abaunz se han encontrado las muestras más antiguas de cerámica en Navarra. Son fragmentos de vasijas sin decoración y de tosca factura. El comienzo del uso de cerámica es una de las características principales del Neolítico. Pero los habitantes de esta cueva seguían siendo principalmente cazadores especializados. En los niveles adscritos al Neolítico antiguo más del 70% de las presas eran jabalíes.

El único animal domesticado entonces era el perro, que acompañaba y ayudaba a los cazadores. La perduración de los modos de vida del Epipaleolítico a comienzos del Neolítico queda perfectamente evidenciada en la cueva de Zatoya.

Es bastante habitual esta situación de aculturación parcial en el norte de la península. La transición entre los diferentes periodos de la Prehistoria fue lenta y de diferente intensidad según las zonas, dándose la convivencia de modos de vida basados en la caza y la recolección pero que se ven influenciados por las novedades neolíticas.

¿Cómo llegar?

La cavidad se encuentra en el valle de Aezkoa, entre Abaurrea Alta y Jaurrieta, a la altura del kilómetro 22,600 de la NA-140. Pertenece al municipio de Abaurrea Alta. Desde Abaurrea, a la izquierda de la carretera y 200 metros antes de cruzar el puente del río Zatoya, está la pequeña cantera abandonada donde está la cueva.

Geolocalización:
x 649036
y 4751738
mapa 1:25.000
117-III Otxagavia

33

ESTACIÓN MEGALÍTICA DE SOROGAIN

Crómlech de Xanxoten Harria

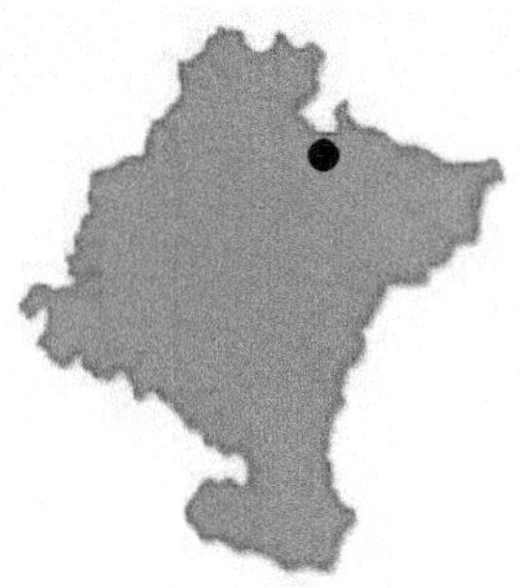

El megalitismo comienza en las etapas finales del Neolítico y está ligado a los cambios aparecidos en este periodo. Se produce una mayor sedentarización de los grupos humanos y la domesticación de animales. Agricultura y ganadería crean una dependencia de los ciclos del año y la observación de estos ciclos llevó a una mayor espiritualidad. Los fenómenos naturales eran vistos como manifestación de poderes divinos. En este contexto aparece el megalitismo, con la construcción de dólmenes, crónlechs y menhires. El Neolítico supuso a su vez un avance de la organización social que hizo posible el aunar esfuerzos para poder levantar estos monumentos prehistóricos construidos con grandes piedras (megalito=piedra grande).

En el tercer milenio a.C. y hasta la Edad del Hierro los pastores prehistóricos del Pirineo levantaron cientos de monumentos megalíticos. En el primer milenio a.C., la montaña se convierte en el último refugio de las manifestaciones megalíticas.

Navarra es un claro ejemplo de este fenómeno. Los monumentos megalíticos de la Comunidad Foral han sido agrupados en 42 estaciones. La mayoría están en la montaña. En el Pirineo es donde esta manifestación cultural se extiende más en el tiempo.

En la Zona Media y Ribera, nuevas gentes traen nuevas prácticas funerarias del otro lado de Pirineo. Los crómlech sólo se encuentran en Navarra en la montaña. Y en la estación megalítica de Sorogain podemos ver uno de los mejor conservados.

Los monumentos megalíticos, no sólo hablan de sociedades hoy desaparecidas. En sí mismos tienen una gran fuerza y calidad estética, que acompañado del hecho de estar generalmente situados en parajes de gran belleza los hacen muy atractivos para el disfrute del visitante que se acerque a ellos.

Para facilitar el conocimiento de esta manifestación prehistórica, se han habilitado varias rutas megalíticas en la montaña navarra. Las primeras fueron las de Sorogain y Azpegi.

El valle de Sorogain es un apacible y hermoso lugar donde todavía hoy, en primavera, se marca el ganado. Los pastos se extienden con un verde intenso desde el fondo del valle a las lomas del Iturrumburu y del Pilotasoro. Era un sitio ideal para los pastores pirenaicos que lo ocuparon hace miles de años. Además de los megalitos se encontraron fondos de cabaña, prueba de la existencia de un poblado estable.

En el recorrido por la estación megalítica de Sorogain se visitan seis dólmenes y un crómlech. La longitud total de la caminata (ida y vuelta) es de 8,5 kilómetros con 280 metros de desnivel.

Dolmen Odiego II

Muy cerca del albergue están los dólmenes de Odiego. Odiego I es pequeño pero con su cámara en bastante buen estado. El otro está formado por dos pesados ortostatos. Desde el dolmen de Odiego I que está detrás del albergue, un sendero lleva a un bosque de hayas. Dentro del mismo, junto al camino, está el dolmen de Arregi. Se aprecia la cámara con las piedras cubiertas por el musgo y el túmulo alfombrado de hojas.

Para retomar la ruta megalítica tenemos que volver al albergue. La ruta sigue por la pista asfaltada que en dirección norte lleva a Francia. A los 2,4 kilómetros, a la derecha de la carretera, está el crómlech Xanxoten Harria. Los crómlech tienen,

Dolmen Odiego I

como los dólmenes, finalidad funeraria, pero son posteriores en el tiempo.

Los dólmenes datan entre el 3000-1000 a.C. Los crómlech aparecen en la Edad del Hierro (900-300 a.C.) Son la manifestación visible de la pervivencia de modos de vida pastoriles en la montaña navarra durante el primer milenio a.C. Están formados por círculos de piedras hincadas en el suelo. En su interior se depositaban las cenizas de los difuntos en vasijas, cistas o en simples huecos. El de Xantoten Harria es uno de los más hermosos y mejor conservados de todo el Pirineo. Tiene 7 metros de diámetro y conserva 19 testigos.

Dolmen de Pilotasoro

Siguiendo la pista, a 400 metros, se encuentra el dolmen de Sorogain. De la cámara solo quedan dos ortostatos. 650 metros hacia el norte, junto a la alambrada del collado de Aztarri, que marca el final del valle, están los dólmenes de Pilotasoro. Uno es poco vistoso. El otro, el dolmen Pilotasoro Este, conserva la cámara y un túmulo de 15 metros de diámetro cubierto de hierba. Es el dolmen mejor conservado de esta ruta prehistórica.

Mientras volvemos al albergue seguramente nos fijemos en los caballos y vacas que pacen tranquilamente por el valle. El paisaje que se extiende ante nuestros ojos no ha cambiado tanto desde aquellos tiempos, hace 5000 años, en que un grupo de pastores pirenaicos ocuparon estos prados.

¿Cómo llegar?

Para llegar a Sorogain desde Pamplona hay que tomar la carretera N-135 que lleva a Francia pasando por Roncesvalles. Entre Biskarreta y Mezquiritz, a la izquierda nace la pista asfaltada que lleva al albergue de Sorogain, también conocido como casa Pablo. Junto al aparcamiento se han instalado paneles informativos de la ruta.

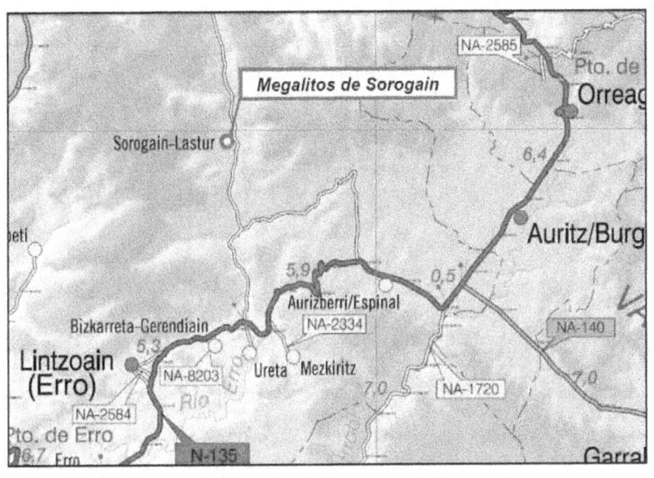

Geolocalización:

Odiego I	Odiego II	Xanxoten Harria	Arregi
x 629835	x 629770	x 629395	x 630090
y 4762920	y 4763020	y 4765151	y 4762380

mapa 1:25.000 91-III Olaberri

ESTACIÓN MEGALÍTICA DE AZPEGI

Dolmen Azpegi IV

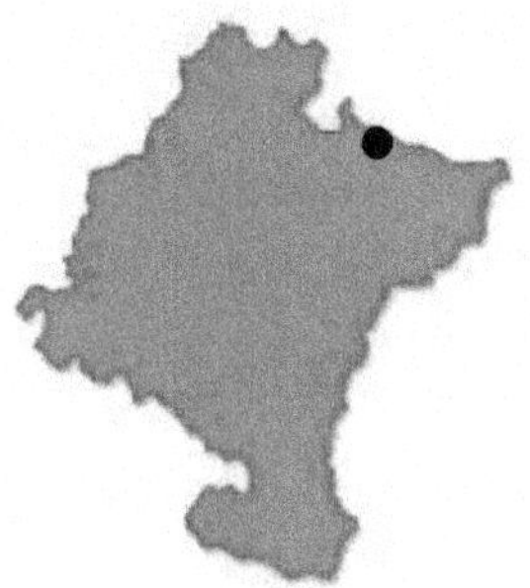

La estación megalítica de Azpegi es otra de las rutas megalíticas señalizadas en la Montaña Navarra. Se encuentra junto a la reserva natural de Mendilatz, uno de los montes más occidentales de la selva de Irati, en el municipio de Orbaitzeta.

El collado de Azpegi es un enclave de gran belleza, entre los montes Mendilatz y Urkulu, cubierto de pastos que como hace miles de años son sustento de la ganadería de la zona. Es uno de los lugares con más acumulación de monumentos megalíticos de Navarra.

El primer dolmen que encontramos está a poco más de 200 metros del refugio de montaña donde empieza el recorrrido. Destaca por el gran túmulo de tierra que lo rodea .

Dolmen Azpegi III

Siguendo la carretera medio kilómetro, cerca de un abrevadero, encontramos la necrópolis de la Edad del Hierro. Es lo más interesante de esta estación megalítica. En el primer milenio a.C. los pobladores de la montaña navarra continuaban los modos de vida pastoriles de periodos anteriores. En vez de los "campos de urnas" de los castros del sur de Navarra, en la montaña continúa durante el primer milenio a.C. el megalitismo con la construcción de crómlechs, monumentos funerarios formados por círculos de piedras hincadas verticalmente en el suelo. La palabra crómlech viene del antiguo galés: crwm=curvado y lech=piedra plana, y significa "piedra plana colocada en curva". El círculo del crómlech es un recinto sagrado que separa el mundo de los vivos y de los muertos. Varios crómlechs, algunos en excelente estado convierten al conjunto de crómlechs de Azpegi en uno de los mejores del Pirineo.

Grupo de crómlechs del collado de Azpegi

A 250 metros al sureste de los crómlechs, en lo alto de la loma, se encuentran otros dos dólmenes, Azpegi III y Azpegi IV.

Hacia el oeste, siguiendo el GR-12, a poco más de un kilómetro, está el collado de Soroluce, a media ladera del monte Urkulu. En este collado hay un dolmen y varios crómlechs. El Urkulu es un espolón kárstico coronado por la torre-trofeo romana, yacimiento también comentado en este libro. Seguro que muchos de las rocas calizas desprendidas de este monte fueron aprovechados por los constructores de dólmenes y crómlechs que habitaban esta parte del Pirineo. Sobre los prados de Azpegi se alza una pequeña imagen de la Virgen con el Niño en lo alto de una gran roca que corona una de las alturas que rodean el lugar. La pequeña escultura sigue la tradición que otorga a este collado una sacralidad milenaria. En estos prados hay dólmenes de hace 5000 años, crómlechs de hace 2500 y ahora esta virgen moderna. Seguramente la roca donde se levanta la virgencita debió tener alguna significación para estos pueblos prehistóricos, ya que su situación domina todo el collado donde construyeron sus monumentos funerarios. Además es un menhir natural,

Virgen de Azpegi

que no pasaría desapercibido para unas sociedades donde las rocas tenían un significado transcendente, relacionado con la eternidad, que ha llegado hasta nosotros sin que el paso de miles de años haya borrado su huella.

¿Cómo llegar?

Desde Orbaitzeta hay que seguir la carretera NA-2030 en dirección norte. A los dos kilómetros encontramos un primer cruce. A la derecha se va al embalse de Irabia en pleno centro de la selva de Irati. A la izquierda a la fábrica de armas de Orbaitzeta, camino que hay que coger. Llegados a la fábrica de armas hay que continuar por una pista asfaltada que es continuación de la carretera y nace en la misma plaza, junto a la Iglesia. A dos kilómetros y medio está un refugio de montaña donde se deja el vehículo. Aquí está el primer panel indicativo de la ruta prehistórica.

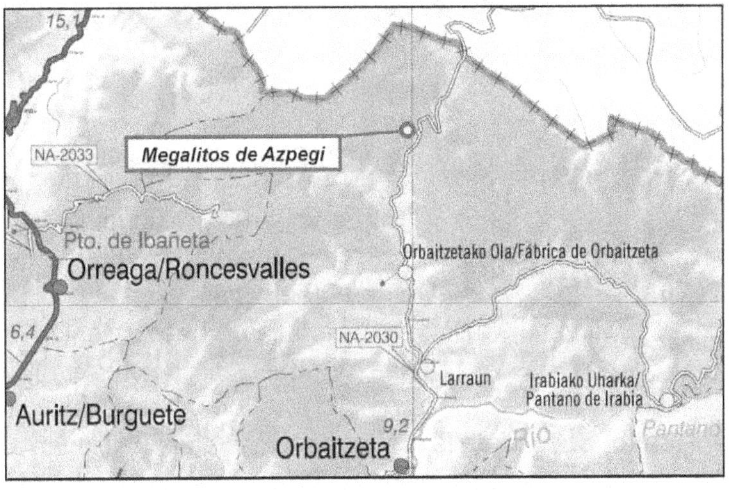

Geolocalización:

Azpegi II	Azpegi III y IV	Cromlechs	Soroluce
x 644652	x 645025	x 644860	x 644113
y 4766356	y 4766578	y 4766781	y 4766624

mapa 1:25.000 91-IV Orreaga-Roncesvalles

DÓLMENES DE BELAGUA

Dolmen de Sakulo

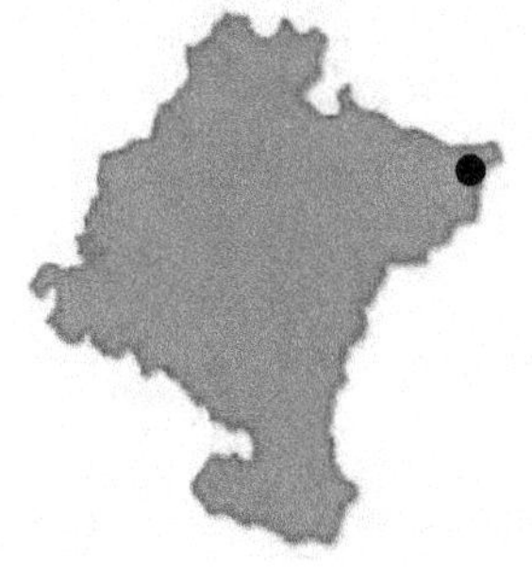

El Valle de Belagua se encuentra en el extremo noreste de Navarra. Es un valle glaciar, donde los hielos tallaron hace milenios la típica forma en "U" que crea un valle amplio a modo de espectacular anfiteatro rodeado de las montañas más altas de Navarra. Aquí se encuentra la Reserva Natural de Larra, paisaje kárstico de los más importantes de Europa con algunas de las simas de mayor profundidad y recorrido. A modo de enclave sagrado que uniera ese cielo (montaña) y ese infierno (cueva), en su término medio está el valle, donde los pobladores prehistóricos levantaron hace más de 3000 años dos de los monumentos megalíticos más importantes de Navarra: los dólmenes de Arrako y Sakulo.

Navarra es tierra rica en megalitos. Centenares de

ellos se distribuyen por su geografía. Uno de los mejores conjuntos de toda Europa.

Megalitismo procede de las palabras griegas mega (grande) y lithos (piedra). Los monumentos megalíticos (dólmenes, crómlechs, menhires) se levantan con grandes bloques de piedra apenas trabajados. Esta manifestación cultural se da en la Europa Atlántica y en el Mediterráneo Occidental. Su origen se sitúa cronológicamente a finales del Neolítico y se extiende hasta la Edad del Hierro. Con la agricultura y los excedentes llega la jerarquización social, que permite la necesaria organización para levantar estos monumentos que hoy son huella de las inquietudes religiosas de quienes los construyeron.

Los dólmenes de Sakulo y Arrako no son los únicos del valle de Roncal, pero si los mejor conservados. Son muestras del tesón y esfuerzo de los pastores prehistóricos para rendir homenaje a sus muertos.

La palabra dolmen procede del bretón y significa "mesa de piedra" (de dol=mesa y men=piedra). Son monumentos funerarios construidos con varias losas de piedra hincadas en tierra en posición vertical y una o varias losas de cubierta apoyadas sobre las primeras en posición horizontal. De esta manera se conforma una cámara que era usada para los enterramientos. El conjunto se cubría con un túmulo de tierra.

El proceso de construcción tenía varias fases. Se comenzaba con la extracción de los grandes bloques de piedra y el transporte al lugar elegido sobre rodillos de piedra o madera. Los bloques se dejaban caer en hoyos previamente excavados y después se ajustaban hasta dejarlos en posición vertical. Tras la colocación de los ortostatos verticales, se hacían terraplenes a los lados. Por estos terraplenes se deslizaba el bloque horizontal hasta dejarlo colocado cerrando la cámara. El conjunto se completaba cubriendo de tierra todo el conjunto. En muchos de los casos los túmulos de tierra han desaparecido con el tiempo y dejan a la vista los pesados ortostatos, como ocurre con estos dos dólmenes de Belagua.

El dolmen de Sakulo se encuentra a poca distancia de la carretera. Enormes piedras cubren la cámara a la que se puede acceder. El dolmen corona un túmulo que eleva el dolmen sobre el terreno circundante. Acompañando a los difuntos en su viaje de ultratumba se hallaron tres puntas de flecha de sílex, un colgante hecho con un colmillo de jabalí, un botón de hueso con perforación en V, cuatro cuentas de collar en piedra y un cuchillo de sílex.

Dolmen de Sakulo

Pero lo más destacable son las muestras más antiguas de la metalurgia en Navarra: dos puntas de flecha de bronce, una pletina de bronce o cobre con remaches y un colgante de oro. El ajuar del dolmen de Sakulo es el más interesante de los hallados en los monumentos megalíticos de Navarra.

El dolmen de Arrako fue descubierto por Jesús Elosegi en 1952.

En 1961 fue excavado por Fernandez Medrano y Maluquer de Motes pero ya había sido vaciado por excavadores clandestinos.

Dolmen de Arrako

El dolmen conserva perfectamente su estructura. Destaca el ortostato superior con más de 5 metros de largo, dos de ancho y 65 centímetros de grosor. Rodea al dolmen un crómlech del que se conservan quince testigos realzando y sigularizando aun más el monumento prehistórico.

A sólo 80 metros está la ermita de Arrako. Ermita y dolmen hacen pensar que este lugar siempre ha sido sagrado para los pobladores del valle desde la prehistoria hasta nuestros días. La espectacularidad del paisaje, con la apuntada cima del Keleta que se alza tras el dolmen, crean el mejor telón de fondo a este paraje tan singular.

¿Cómo llegar?

Al valle de Belagua se accede por la carreterra que lleva a Francia por el valle de Roncal tras dejar atrás la localidad de Isaba.

El dolmen de Sakulo se encuentra a poca distancia de la carretera. El vehículo hay que aparcarlo a la altura del kilómetro 7 de la carretera Isaba – Belagua. A la izquierda de la carretera, si venimos desde Isaba, nace una pista que lleva a las bordas cercanas. La pista pasa junto a un terreno repoblado con pinos. Hay que atravesar este joven pinar para llegar a la siguiente finca, donde hay una borda. Entramos en este prado y lo atravesamos también para llegar a la borda. Justo detrás de la misma, en la linde con la siguiente finca está el dolmen de Sakulo.

El dolmen de Arrako se encuentra a sólo 2,5 kilómetros del dolmen de Sakulo. Hay que seguir la NA-1370 en dirección a Francia. Se encuentra a 300 metros de la carretera. Está bien señalizado y es uno de los más visitados de Navarra. Desde la carretera postes indicativos llevan sin pérdida al dolmen.

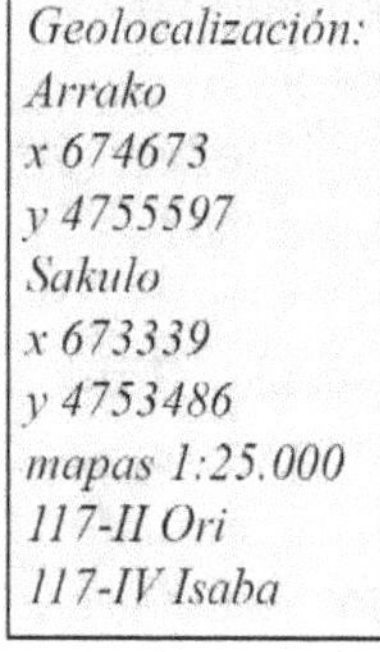

Geolocalización:
Arrako
x 674673
y 4755597
Sakulo
x 673339
y 4753486
mapas 1:25.000
117-II Ori
117-IV Isaba

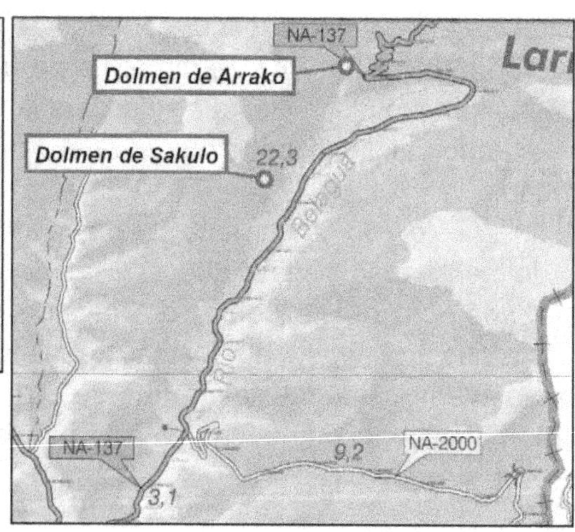

MENHIRES DE IRUÑARRI

El menhir de Iruñarri

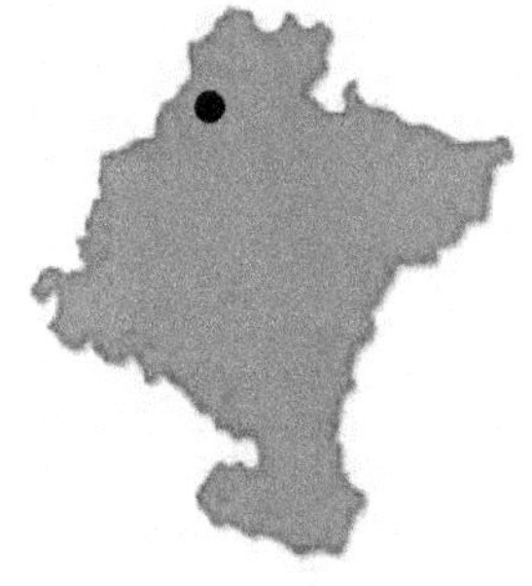

Dentro de la tipología de los monumentos megalíticos, dólmenes, cromlechs y menhires, son estos últimos los que están más rodeados de misterios e incógnitas. Los investigadores no se ponen de acuerdo sobre su función. Se ha llegado a decir que eran marcadores de límites territoriales de los diferentes clanes o tribus. También se les ha atribuido finalidad funeraria. Pero los más creen que tenían una función religiosa y simbólica que hoy se nos escapa.

Desde la más remota antigüedad el culto a diversos aspectos de la naturaleza ha ido unido a la humanidad. De ahí la existencia de árboles sagrados, manantiales a los que se atribuyen poderes curativos y montañas donde se

49

creía que habitaban los dioses. La piedra, con su naturaleza incorruptible, eterna, espejo de lo que se pretende para el alma, quedó impregnada de un simbolismo que le otorgó una importancia especial en la religiosidad de las sociedades prehistóricas.

Los menhires son una de las expresiones más antiguas de las inquietudes espirituales del hombre. A lo perenne de la piedra se une la verticalidad, esa escapada a las alturas, ese punto de unión del cielo y la tierra que comparte tanto un obelisco egipcio, el campanario de una iglesia o los alminares de las mezquitas.

Menhir de Iruñarri. Vista frontal

En Navarra están catalogados más de un centenar de menhires. Grandes piedras que los pastores prehistóricos de la montaña levantaron con esfuerzo preferentemente en lugares elevados y con gran dominio del paisaje. En las laderas del monte Iruñarri hay dos de los más interesantes. El menhir de Azpilleta, uno de los más grandes que podemos ver en Navarra, y el menhir de Iruñarri, que destaca por ser uno de los más grandes que se conservan en pie.

Aunque los menhires se suelen encontrar en lugares apartados, a los dos se puede llegar con comodidad por la pista asfaltada que nace cerca del pueblo de Eratsun y lleva al repetidor.

A los 3,2 kilómetros del inicio de la pista, se encuentra el menhir de Azpilleta. Se encuentra tumbado junto a la curva de la carretera, a 660 metros de altura. Sorprenden sus más de seis metros de longitud. La enorme mole de piedra fue tallada en punta. En la parte inferior alcanza los dos metros de anchura. Hay que imaginarse lo imponente que sería este "tótem" de piedra de más de seis toneladas de peso erguido sobre el valle de Malekerra.

El menhir de Azpilleta

Siguiendo la estrecha carretera hasta su final se llega al repetidor. Muy cerca, al sureste del repetidor, se encuentra el menhir de Iruñarri. Sus tres metros de longitud han aguantado estoicamente el paso del tiempo. Vientos, lluvias y nieblas no han podido tumbar la gran piedra que se levanta hoy solitaria, desde hace milenios, en un prado que recuerda la utilización pastoril de estos montes. Es el menhir erguido conservado in situ más importante de Navarra. Incluso se piensa que su leve inclinación no es fruto del paso del tiempo, sino que responde a una disposición adecuada para seguir los movimientos de los astros en el cielo.

La mayòría de los menhires catalogados se encuentran tumbados, pasando desapercibidos hasta que los expertos los descubrieron. En cambio, el menhir de Iruñarri, con su imponente estampa alzada sobre los prados y recortada sobre el cielo, ha llamado la atención de los habitantes del valle de Malekerra desde mucho tiempo atrás. Esto ha rodeado al menhir de un halo de leyendas que dan todavía más relevancia a esta piedra sagrada. Una de ellas dice que la piedra de Iruñarri fue lanzada por el guerrero franco Roldán quedando hincada donde hoy la encontramos. También se decía que fue levantada por los gentiles, gigantes de la mitología vasca a los que se atribuía la construcción de los monumentos megaliticos. Como en muchos otros menhires de Europa también se llegó a creer que el contacto con la piedra del menhir de Iruñarri curaba la infertilidad en las mujeres. Curiosa comparación del mehir con el falo masculino.

Respecto a la denominación del menhir, Luis Peña, investigador de estas manifestaciones prehistóricas, dio la interpretación más sugerente. Iruñarri vendría de Irudiarri que significa en euskera "piedra de la imagen". Parece ser que la sombra que el menhir proyecta sobre el suelo a veces recuerda una silueta humana.

Buzón de la cima de Iruñarri

La visita al menhir se completa con las grandes panorámicas que se disfrutan desde el paraje donde se encuentra. Al Este el Mendaur, el Autza y el Saioa. Si el día es bueno se ve asomar la cumbre del Ori entre estas montañas. Hacia el sur la Higa de Monreal y la peña de Izaga, ya en la cuenca de Pamplona. Al norte del menhir el alto donde están las antenas repetidoras tapa la vista. No es mala idea caminar un poco para subir a la cima de Iruñarri, el alto que está a la izquierda de las antenas, lo que no lleva más de un cuarto de hora. La cima está marcada con un curioso buzón que representa a un caminante con su perro. Desde allí se llega a ver San Sebastián y el mar, completándose una panorámica de 360º.

Desde el Iruñarri al cercano Irakurri, al oeste, varias estaciones de crómlechs recuerdan que estos son unos montes sagrados, desde donde se divisa en el horizonte la unión siempre bella de tierra y mar cuando el tiempo lo permite. Un sitio muy especial dentro del patrimonio arqueológico de Navarra.

Vista latetal del menhir Iruñarri. Al fondo el monte Mendaur

¿Cómo llegar?

Para llegar a los menhires de Iruñarri y Azpilleta hay que salirse de la A-15, autovía que une Pamplona y San Sebastián, a la altura de Leitza. Desde Leitza hay que coger la NA-170 en dirección a Santesteban. Tras pasar Ezkurra, entre los kilómetros 16 y 17, poco después de dejar a la derecha el cruce de Eratsun, sale a la izquierda la pista asfaltada que lleva a los repetidores. A los 3,2 kilómetros, donde la carretera da un giro de 90º a la izquierda, en la misma curva, está el menhir de Azpilleta. Para llegar al menhir de Iruñarri hay que continuar la pista hasta el final. A 130 metros al sureste de los repetidores y a sólo 40 metros de la carretera está el menhir.

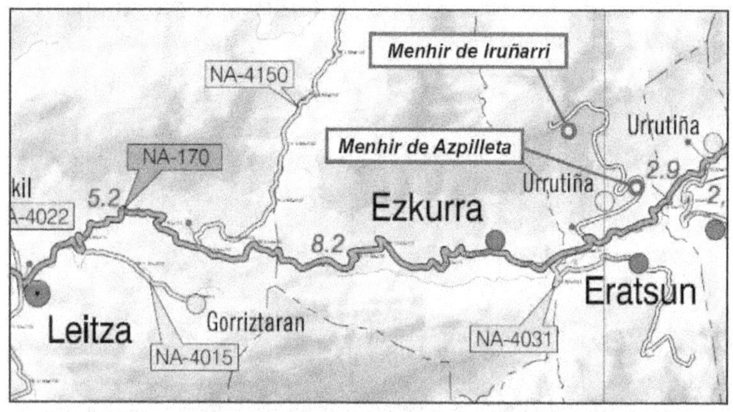

Geolocalización:
Menhir de Azpilleta   Menhir de Iruñarri
x 597964 y 4772242   x 596840 y 4772888
mapa 1:25.000 283-IV El Sabinar

DOLMENES DE ARTAJONA

Dolmen del Portillo de Eneriz

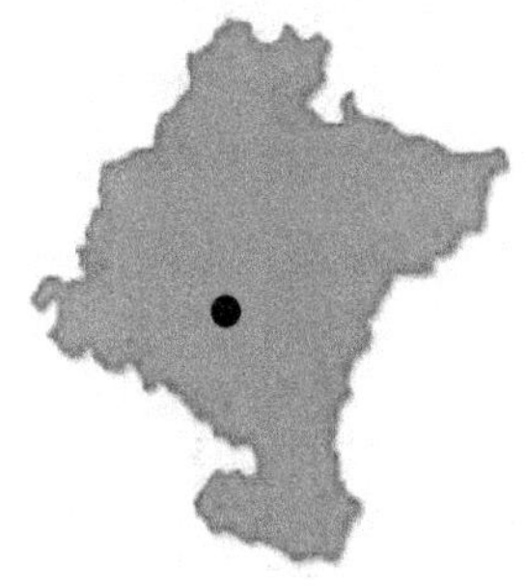

Navarra es tierra de dólmenes. Centenares de ellos están catalogados formando un conjunto único en la Península Ibérica. Todos y cada uno de estos restos del pasado tienen una relevancia histórica y patrimonial digna de conservarse. Entre esta riqueza megalítica, uno de los mejores conjuntos es el de los dólmenes de Artajona: Portillo de Eneriz y la Mina.

Estos dólmenes son los más completos y espectaculares dentro del megalitismo navarro debido a sus dimensiones y estado de conservación. Además, su estructura es más compleja que la de los dólmenes que abundan en el norte de Navarra. Frente a las pequeñas cámaras mortuorias formadas con tres o cuatro grandes lajas de piedra, en los dólmenes de Artajona nos encontramos con sepulcros levantados con mas de una docena de pesados ortostatos y con un corredor que antecede a la cámara.

Son manifestaciones de una órbita cultural diferente a la cultura pastoril del Pirineo Occidental. Los hombres que levantaron estos sepulcros para dar homenaje a sus muertos pertenecían a las primeras comunidades humanas agrarias del Alto Ebro. El sedentarismo y el control de la tierra para los cultivos creó excedentes y riqueza, que a su vez derivó en sociedades más jerarquizadas que podían coordinar esfuerzos para la construcción de monumentos más complejos. Estamos entre el tercer milenio y principios del segundo milenio a. C. Es el final de Neolítico y el principio del dominio de los metales por el hombre.

Los sepulcros megalíticos de Portillo de Eneriz y La Mina de Artajona fueron descubiertos a mediados del siglo XX por vecinos de la localidad. Su excavación corrió a cargo de Fernández Medrano en 1961 y 1962 y fueron dados a conocer por López Sellés y Maluquer de Motes.

El dolmen de Portillo de Eneriz tiene el acceso a la cámara sepulcral precedido por un corredor. Este corredor esta separado del espacio funerario mediante una piedra perforada circularmente que no se conserva entera y

Portillo de Eneriz: vista posterior

que debía ser cerrada tras cada enterramiento. No se sabe cómo era la cubierta, si de piedra o madera. Lo que está claro es que el túmulo de tierra sobre el que se levanta el dolmen cubría el monumento prehistórico por completo sellando el espacio funerario.

Tras visitar el primer dolmen, hay que seguir el sendero que, en un cuarto de hora, lleva al dolmen de la Mina. Otra opción es volver al aparcamiento y coger la pista a la derecha del parking siguiendo las indicaciones, pero es preferible la primera ruta ya que así completaremos un recorrido circular con estupendas vistas.

Dolmen de la Mina

El dolmen de la Mina es más grande incluso que el anterior y está situado en lo alto del cordal. Llama la atención el curioso contraste de los modernos aerogeneradores que coronan el monte con las vetustas y pesadas piedras que forman el monumento megalítico. El dolmen de La Mina tiene estructura similar al Portillo de Enériz, también con puerta perforada y orientación norte - sur. Aquí se recogieron la mayoría de los materiales arqueológicos que aparecieron durante las excavaciones. Se exhumaron herramientas (punzones de cobre), armas (puntas de flecha y cuchillos de sílex), elementos de adorno personal (cuentas de collar en piedra y botones) y vasos y cuencos de cerámica seguramente destinados a contener ofrendas para la vida de ultratumba.

Sólo queda bajar de nuevo al aparcamiento siguiendo el camino. En este tramo se disfrutan excelentes panorámicas del hábitat que recorrieron y dominaron los habitantes prehistóricos de estas tierras. Al fondo llegaremos a ver Artajona y sus murallas defendidas por poderosos torreones medievales.

El poblado prehistórico de Ferrangortea está situado al oeste del Portillo de Enériz, en una elevación del terreno. Aquí se piensa que habitaban los constructores de estos dólmenes. No se conservan restos de sus chozas de barro y madera, pero los hallazgos que se encontraron dan muestra de la contemporaneidad de los dólmenes con este asentamiento. Sólo queda imaginar el esfuerzo que para estos antiguos cazadores y agricultores supuso el trasladar y levantar estas pesadísimas piedras para honrar a sus muertos. ¿Quiénes fueron los reyes, guerreros, jefes, chamanes o quizás, simples agricultores que fueron enterrados en estos dólmenes? Nuestra imaginación deberá contestar a esta pregunta pues las piedras guardan silencio.

¿Como llegar?

El acceso a los dólmenes está indicado a la salida de Artajona. Se encuentran a cinco kilómetros de la localidad. Se llega al aparcamiento donde comienza la ruta por una pista que nace muy cerca del santuario de Nuestra Señora de Jerusalem. No hay pérdida posible, pues en cada cruce hay indicación para llegar a los dólmenes. A cuarenta metros del aparcamiento, en un pequeño alto se encuentra el dolmen del Portillo de Enériz. Siguiendo el sendero SL-NA 171 que nace en el mismo aparcamiento, a 850 metros está el dolmen de La Mina.

Geolocalización:
Portillo de Eneriz
x 602494
y 4720180
La Mina
x 603043
y 4719730
Mapa 1:25.000
173-I Artajona

MENHIR-ESTELA DE SOALAR

El menhir-estela de Soalar

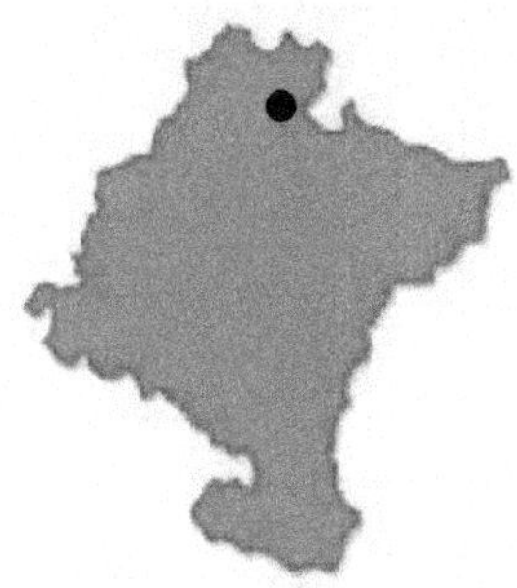

Dentro de la riqueza megalítica de Navarra, el valle de Baztán tiene un papel destacado. De los más de 1.500 megalitos catalogados en la Comunidad Foral, en Baztán se encuentran más de 600. De ellos, más de cien son menhires. Uno destaca sobre los demás. Y es que la estela - menhir de Soalar es una pieza excepcional dentro del megalitismo de la Península Ibérica. Esta importancia se debe a los grabados que presenta en una de sus caras.

La historia de su hallazgo y de cómo ha llegado hasta nosotros es, cuando menos, rocambolesca. En 1973, el capuchino y estudioso del megalitismo Francisco Ondarra descubrió el menhir-estela en el collado de Soalar. Estaba caído y con los grabados hacia el suelo, lo que pudo facilitar su conservación. En 1992 desaparece de Soalar y es encontrado de nuevo por Ondarra a 15 km. de distancia. El menhir iba a ser utilizado por el dueño de una finca como dintel del caserío que se estaba construyendo. Apercibido de que no podía hacer eso, el menhir queda allí hasta que desaparece otra vez en el año 2003. Había sido trasladado al patio de una casa particular y era utilizado como soporte para ¡una canasta de baloncesto!

Los miembros del grupo Hilarriak, que tanto han hecho para fomentar el conocimiento y protección del patrimonio prehistórico de Baztán, dan aviso las autoridades de la surrealista ubicación y del peligro que corría el monumento prehistórico. Patrimonio toma cartas en el asunto haciéndose cargo del menhir y en colaboración con el Ayuntamiento de Baztan es trasladado al Museo Etnográfico Jorge Oteiza de Elizondo.

La gran pieza, de arenisca roja del Baztán, tiene 4,50 m. de altura, lo que convierten al menhir – estela de Soalar

Cara posterior del menhir-estela

en uno de los más grandes de Navarra y País Vasco. Pesa tres toneladas. Tiene un acusado carácter antropomorfo. Pero lo más importante, lo que hace excepcional a la pieza, son sus grabados. Los grabados tienen 4.000 años de antiguedad   y convierten al menhir en la estatua prehistórica de un gran guerrero fuertemente armado.

A simple vista destaca la representación de una alabarda, especie de hacha con cabeza triangular más ancha junto al mango y acabada en punta. Muy cerca de la alabarda se aprecia una cazoleta perfectamente excavada en la piedra. Pero hay más. Expertos en arte prehistórico de la Universidad de Alcalá de Henares examinaron la pieza rigurosamente. Mediante

Detalle de la alabarda

el procesado informático de las fotografías obtenidas con diferentes iluminaciones lograron obtener un calco de todos los grabados.

La estela está enmarcada por una serie de trazos que la recorren verticalmente representando esquemáticamente la túnica o manto del guerrero.

La parte superior representa la cabeza con un casco o capucha triangular. Sobre su cara, un grabado ondulado se ha identificado con la representación simbólica de una serpiente. También podría ser un tatuaje o pintura de guerra, adorno corporal que se practicaba desde el Paleolítico y que aun hoy siguen usando las sociedades primitivas. Para representar uno de los ojos del guerrero se aprovecho una cazoleta natural, la otra se talló. A la altura del pecho se aprovechan los volúmenes de la piedra resaltándolos con dos grabados semicirculares para representar los petos de una armadura. Los que tallaron la estela de Soalar aprovecharon las formas naturales de la piedra (oquedades, pliegues, abultamientos) para ayudarse en la representación. Esta técnica recuerda a los grabados de muchas cuevas prehistóricas.

En la parte inferior de la estela se aprecia perfectamente la alabarda, de 1,10 metros de longitud, con un piqueteado más ancho y profundo. El arma simboliza la esencia, el espíritu del guerrero, de ahí el protagonismo absoluto de ese grabado sobre los demás, mucho menos trabajados. Está sujetada con un cinturón grabado con dos finas líneas. La cazoleta que hay cerca de ella, a la derecha, es el centro de un escudo o de un símbolo solar. Más abajo otros círculos y un posible puñal. Seguramente la estela estuvo pintada. Se ha datado en la segunda mitad del III milenio a.C.

Para entender el significado de esta gran escultura prehistórica hay que ubicarla en el lugar donde apareció. Soalar (del euskera "soro" campo y "lar" pastizal) se encuentra entre el conocido monte Autza y la localidad de Elizondo, a 4 kilómetros al este en línea recta de la capital del valle. La estela se encontraba en la parte más externa y visible del collado. Es un lugar desde donde se domina casi todo el Valle de Baztán.

El monte Soalar es un área megalítica, con dólmenes, crómlechs, túmulos y otros menhires. Uno se encuentra in situ a tan sólo 200 metros de donde apareció la estela armada. Otro, el de Burga, a poco más de medio kilómetro. En el collado también aparecieron restos en superficie que indican la existencia de un poblado al aire libre. Cabañas construidas con elementos perecederos que no han llegado a nosotros pero que indican que monumentos mega-

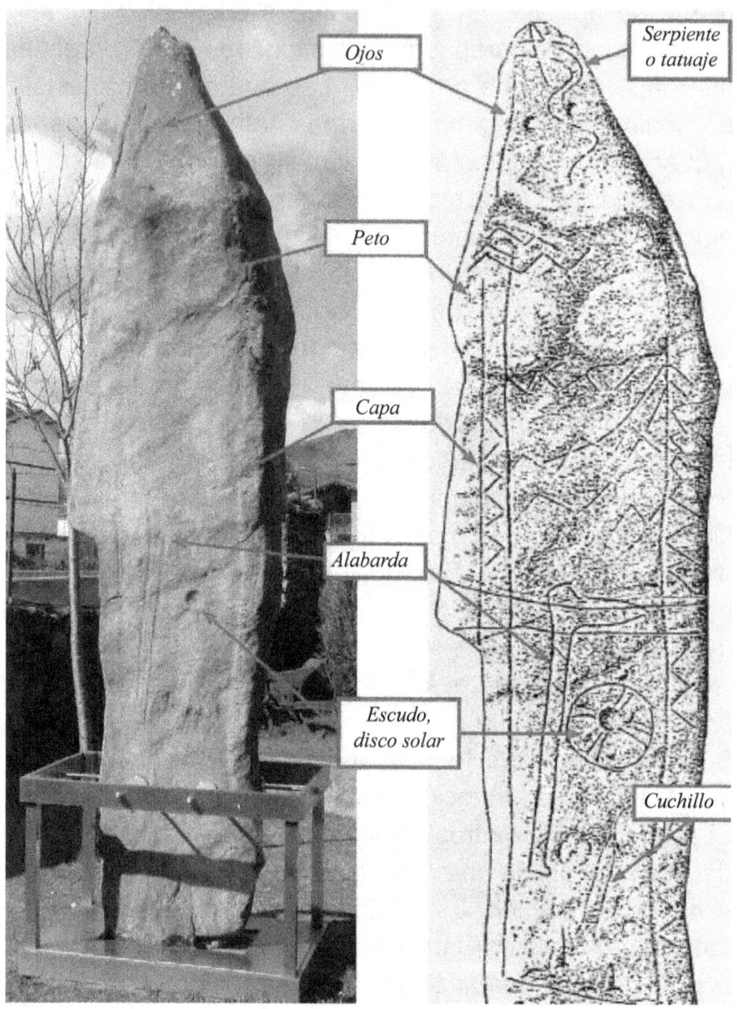

Indicación de las representaciones del menir estela de Soalar

líticos y poblado ocupaban la zona más llana del collado, interrelacionándose.

Soalar se encuentra en una posición privilegiada para el control de la entrada al Valle de Baztán y de las vías de tránsito hacia el norte y este de los Pirineos.

En el III milenio a.C el Valle de Baztán estaba habitado por gentes del Calcolítico. Su economía era principalmente ganadera pero con conocimientos de la metalurgia. Estos antiguos pobladores del valle lucharían por los recursos minerales y la explotación de los pastos. La defensa o conquista de los mismos llevaba a los guerreros a imponerse en lo más alto de la incipiente jerarquización social. La estela de Soalar es un símbolo de poder y control del territorio. Seguramente representaba a un antepasado real o mítico o a un dios guerrero protector de la comunidad.

Hoy, ya a salvo, podemos apreciar la fuerza que desprende el gigantesco guerrero, que ha cambiado los pastos de Soalar por los jardines del Museo Etnográfico Jorge Oteiza de Elizondo. De alguna manera sigue representando a esos primeros metalúrgicos que habitaban el monte Soalar perpetuando en piedra su memoria y sus inquietudes religiosas.

¿Cómo llegar?

Elizondo se encuentra a 58 kilómetros de Pamplona. Se llega a la capital del valle de Baztán por la carretera N-121. Tras pasar al túnel de Belate, en Oronoz-Mugaire hay que coger la N-121-B que recorre todo el valle.

El menhir-estela se encuentra en el museo etnográfico Jorge Oteiza, En el museo se puede conseguir un mapa de las rutas megalíticas por Baztán. Consultar horarios según temporada.

HIPOGEO DE LONGAR

El hipogeo de Longar

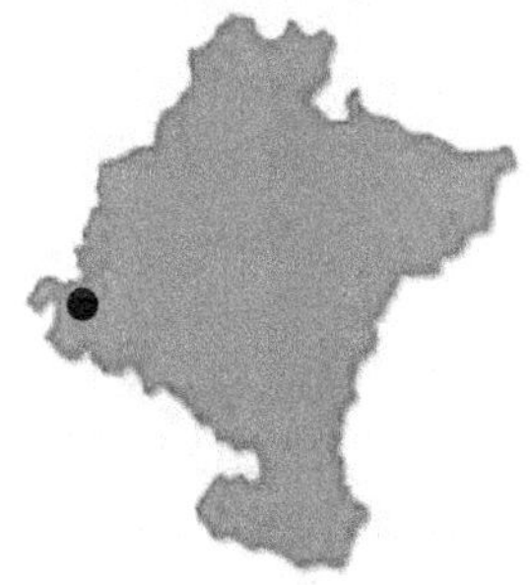

A nueve kilómetros al norte de Viana, en la ladera del Alto de los Bojes, se encuentra el hipogeo de Longar. Un hipogeo es un monumento funerario tallado en la roca. Los más famosos son los grandes hipogeos del Valle de los Reyes en el Antiguo Egipto. Si bien el de Longar no tiene comparación con la importancia de los hipogeos egipcios, hay que considerarlo como un yacimiento excepcional, ya que tiene una estructura totalmente original que lo distingue de cualquier otro sepulcro prehistórico del norte de la península Ibérica. Tipológicamente está mas cerca de tumbas encontradas en Andalucía y en Portugal. Además, es una de las pocas tumbas prehistóricas que ha llegado intacta hasta nosotros, ya que la cubierta superior se partió y enterró el hipogeo, sellando el yacimiento.

Así permaneció hasta su descubrimiento por Luis Arazuri, vecino de Viana, en 1985.

Desde 1991 a 1994 Susana Irigary y Javier Armendáriz dirigieron las excavaciones del yacimiento.

El monumento está datado entre el 2850 y el 2500 a.C. en un periodo de transición entre el Neolítico y el Calcolítico.

El hipogeo de Longar tiene su entrada orientada al sur, 4,6 metros de largo y una altura máxima interior de 1,5 metros. Está excavado en la roca y tiene forma alargada, con la cabecera en semicírculo. La cámara funeraria está construida con un muro de lajas de piedra y la cubierta con dos grandes losas de arenisca. La cámara tiene su acceso por un corredor de piedras hincadas en el suelo. Cámara y corredor están separados por una losa tallada en forma de U. La tumba está situada en un altozano con grandes vistas hacia el valle del Ebro, a poco mas de 700 metros de altura.

Aquí se encontraron restos de casi un centenar de cadáveres de todas las edades, la mayoría en posición fetal. Pertenecían al mismo grupo tribal. El sepulcro fue utilizado a lo largo de varias generaciones. No eran tumbas individuales de reyes, jefes o nobles. Aquí predominaba el clan o la tribu. Todavía estamos en un tiempo de sociedades no excesivamente jerarquizadas. Por eso construían este tipo de tumbas que acogían enterramientos colectivos sin distinción entre los componentes de la tribu.

Cámara de hiladas de lajas de piedra

Interior del hipogeo y puerta perforada

Estas gentes vivían principalmente de la agricultura y del pastoreo. No nos han llegado los poblados donde habitaban, simples cabañas construídas con materiales perecederos (madera, paja, barro). Continuaban usando instrumentos de sílex, como cuchillos y dientes de hoz. Habitaron un paisaje hoy muy cambiado por la mano del hombre. Hace 4.500 años este barranco estaba cubierto de pinos y encinas que suministraban leña, caza, setas y otros frutos del bosque. Era un lugar propicio para el asentamiento humano, con cursos de agua cercanos, los arroyos de Longar y de San Pedro. Además, estaba próximo a la vía civilizadora que era el río Ebro.

Pero un lugar como este, que abastecía de alimentos y materias primas en abundancia, no estaba libre de las apetencias de clanes rivales. Y el hipogeo de Longar ha dado pruebas de la existencia de conflictos por la ocupación de este territorio. Entre los cadáveres encontrados aparecieron cuatro con puntas de flecha incrustadas en los esqueletos. Uno de ellos fue alcanzado por la espalda mientras huía. La punta de flecha de sílex que se encontró en una vértebra dorsal le había seccionado la medula espinal. Esto le habría ocasionado una invalidez inmediata. El mismo esqueleto presentaba otra punta de flecha en la caja torácica, herida que probablemente acabó con su vida. Estos hallazgos, suponen la muestra más antigua de conflictos bélicos en territorio navarro, hecho que acrecienta la singularidad del yacimiento. En el Museo de Navarra están expuestos estos restos humanos que nos recuerdan lo dura que debió de ser la vida en esa Navarra prehistórica, hace miles de años.

¿Cómo llegar?

Para visitar el hipogeo de Longar hay que salir de Viana por la carretera que lleva a Aguilar de Codés. En el kilómetro 4,100 hay que desviarse a la izquierda. Se asciende el valle de Valverde durante cuatro kilómetros por un camino señalizado, hasta llegar a un aparcamiento para coches situado en la confluencia de los arroyos de Longar y San Pedro. Allí encontramos un panel informativo sobre el hipogeo de Longar. Desde aquí hay que ascender a pie algo más de un kilómetro hasta llegar al hipogeo.

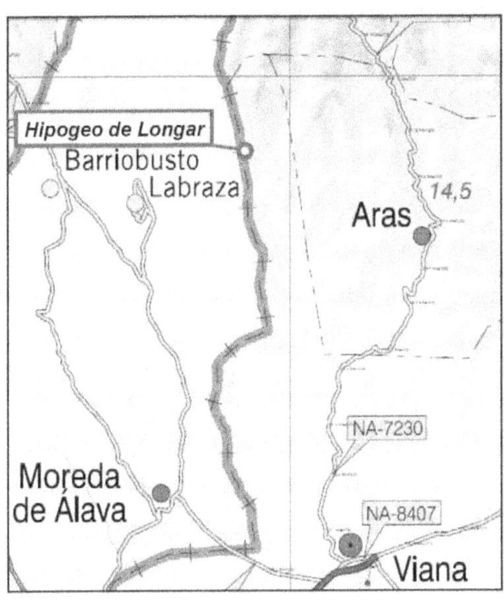

Geolocalización:
x 594804
y 4714500
mapa 1:25.000
171-III Viana

POBLADO DE LAS ERETAS

Vista general del yacimiento arqueológico

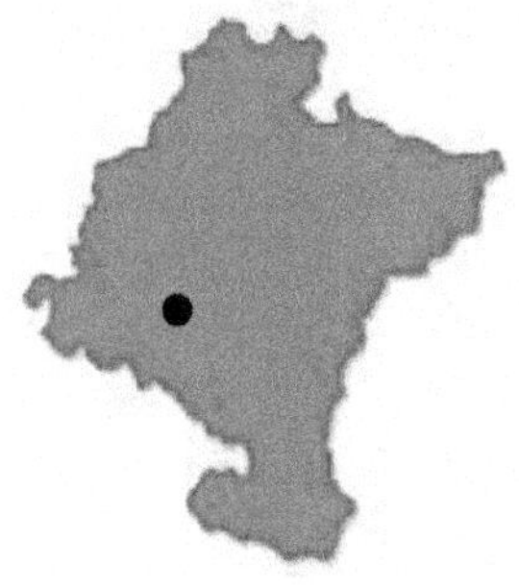

Las Eretas de Berbinzana es un poblado de la Edad del Hierro datado en los siglos VI-IV a.C. El nombre le viene de las eras que había en el terreno donde se asienta el yacimiento. Allí se realizaban las labores de trilla de la mies en los meses estivales.

En el segundo milenio antes de Cristo se extendió por buena parte de Europa el ritual funerario de incinerar a los muertos y depositar las cenizas en urnas u otros tipos de contenedores para luego enterrarlas en necrópolis situadas fuera de los poblados. Estas prácticas se extendieron desde el Europa Central y zonas atlánticas interiores hacia el sur y el occidente de Europa. Es la llamada "cultura de los Campos de Urnas". En la Península estas influencias llegaron en el paso del segundo al primer milenio a.C. Las últimas investigaciones hablan más de aculturación que de inmigración de grandes contingentes de pobladores del otro lado del Pirineo. No sólo cambian los modos de enterramiento. Se generaliza el uso de los meta-

Una de las torres del poblado

les y se multiplican los centros metalúrgicos. Los grupos humanos son más numerosos y jerarquizados. Se produce una intensificación de las relaciones comerciales con el uso del carro y el caballo como animal de tiro.

Las Eretas se enmarca dentro de esta órbita cultural cuyas influencias llegaron hasta Navarra por el Ebro y los pasos pirenaicos.

El terreno donde está situado el poblado de la Edad de Hierro de las Eretas estaba destinado a un complejo deportivo municipal. Ante el interés de los hallazgos, fruto de las excavaciones de los años 1991 y 1992 dirigidas por Javier Armendáriz Martija, se decidió conservar el yacimiento y tras las campañas de 1994, 1995 y 1996, el Ayuntamiento de Berbinzana procedió a ponerlo en valor y habilitarlo para la visita.

Berbinzana cuenta hoy con algo más de 700 habitan-

Hornos

tes. Situado a orillas del río Arga, ya desde la antigüedad era un lugar idóneo para el establecimiento de grupos humanos que aprovecharon las tierras fértiles del entorno.

La ubicación del poblado es poco habitual. Generalmente los asentamientos de la Edad del Hierro ocupaban cerros para mejorar su defensa en este periodo de movimientos poblacionales y conflictos por el dominio del territorio. Las Eretas, en cambio, se encuentra en la llanura aluvial que forma el Arga. Para cubrir las necesidades de defensa, se levantó una potente muralla de metro y medio de espesor que estaba reforzada con bastiones cúbicos destacados en planta. El aparejo es de sillarejo hecho con grandes bloques que en algunos casos llegan al metro de largo. La muralla alcanzaba los cuatro metros de altura y estaba rematada por una empalizada de madera. Imponente debía ser en aquel entonces, hace 2.500 años, la perspectiva del poblado junto al río.

Las excavaciones han dado muestras de un urbanis-

Muralla y torre reconstruida

mo avanzado. Las casas se articulan en torno a una calle central que recorre en toda su extensión el poblado. La calle fue pavimentada primeramente con cantos rodados y posteriormente con losas de piedra.

Junto a la entrada, en el sector suroeste, la muralla se complementa con un bastión para reforzar la defensa del acceso a la ciudad. Las viviendas son de planta rectangular adosadas a la muralla por uno de los lados cortos. En el opuesto se sitúa la puerta, que da a la calle principal. Se levantaban con muro de tapial sobre zócalo de piedra y techumbre vegetal a una sola vertiente.

Se ha localizado también en el poblado un obrador para la elaboración de pan con dos hornos.

Entre los materiales encontrados en la excavación destaca un molde de fundición para hachas que acredita la práctica de la metalurgia en el poblado de Las Eretas.

Otros hallazgos de importancia, estos relacionados con las creencias de ultratumba, son los seis enterramientos infantiles que han aparecido en el poblado. Aunque las necrópolis se situaban extramuros, los niños eran inhumados bajo el suelo de las viviendas si fallecían en el momento del nacimiento o durante los primeros meses de vida. Destaca una doble inhumación que correspondería a gemelos.

También se han encontrado molinos de mano de tipo barquiforme que nos hablan de la actividad principal a la que se dedicaban los habitantes del poblado: la agricultura.

La visita a las Eretas se convierte en un ameno viaje en el tiempo a la Edad del Hierro. El poblado de Las Eretas, declarado Bien de Interés Cultural, es un ejemplo de actuación arqueológica y didáctica. En 2002 fue abierto al público. El área excavada es aproximadamente la quinta parte de la superficie que debió ocupar el poblado. Se es-

Casa de la Edad del Hierro reconstruida in situ

tima que en el poblado de las Eretas vivieron entre 150 y 200 personas.

Para la mejor comprensión del poblado protohistórico, se ha reconstruido parcialmente su muralla, una torre y una vivienda de la época.

Un pequeño e interesante museo ubicado junto al yacimiento arqueológico completa este acercamiento a los modos de vida en la Edad de Hierro.

¿Cómo llegar?

El poblado de las Eretas se encuentra dentro del casco urbano del municipio de Berbinzana, localidad de la zona media de Navarra, a 50 kilómetros al suroeste de Pamplona. A la entrada del casco urbano ya encontramos indicaciones para llegar al poblado de la Edad del Hierro.

Abierto durante todo el año (excepto 1 y 6 de enero, 24, 25 y 31 de diciembre)

Durante todo el año

Sábados:

Mañanas: de 11.00 a 14.00

Tardes: 1 de abril-30 de septiembre, de 17.00 a 19.30

1 de octubre-31 de marzo de 16.00 a 18.00

Domingos y festivos (comprende las festividades autonómicas y las de carácter nacional) de 11.00 a 14.00

No obstante, el yacimiento se puede ver bastante bien a cualquier hora desde fuera del vallado.

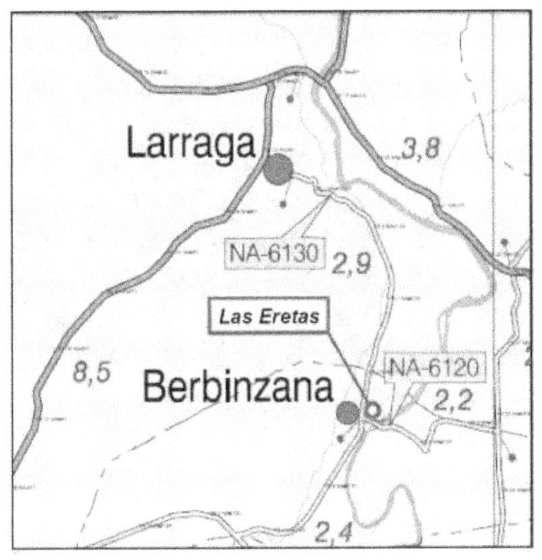

ALTO DE LA CRUZ

El Alto de la Cruz con el Moncayo al Fondo

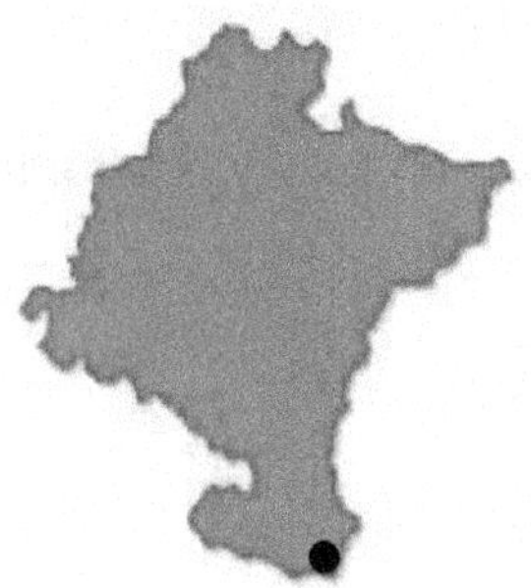

Si hay un yacimiento arqueológico que podemos considerar "clásico" dentro de la historiografía arqueológica de Navarra ese es el poblado del Alto de la Cruz de Cortes. Cuando el profesor Maluquer de Motes, a mediados de los años 50 del siglo XX publicó las conclusiones de las numerosas campañas de excavaciones que se habían realizado desde el año 1947, el Alto de la Cruz, también conocido como el poblado de Cortes de Navarra, pasó a ser un referente para el estudio de la Edad del Hierro en la Península Ibérica. Las últimas excavaciones han sumado importancia al yacimiento al retrotraer la antigüedad del mismo al siglo IX a.C, convirtiéndolo en un singular ejemplo del proceso de transición desde la Edad del Bronce a la del Hierro.

El Alto de la Cruz es un *tell*, es decir, un montículo artificial formado por la acumulación de las ruinas de los diferentes poblados prehistóricos que existieron aquí a lo largo de los siglos. Se levanta sobre el llano una decena de metros. Tiene aproximadamente una hectárea de superficie (115 por 77 metros). Se encuentra a cuatro kilómetros y medio del río Ebro y a dos de la localidad de Cortes.

Panel a la entrada del yacimiento

A lo largo de más de medio milenio existieron en el Alto de la Cruz varios poblados que se fueron superponiendo. El estudio del yacimiento muestra la evolución desde las chozas circulares de finales de la Edad del Bronce a las casas rectangulares de la Edad del Hierro. Es un ejemplo sumamente valioso de la aparición y evolución del urbanismo durante el primer milenio a.C.

Uno de los poblados quedó destruido por un incendio. Ello hizo que tanto las estructuras de las casas como los ajuares de las mismas quedaran sepultadas bajo los escombros, dejando un documento único sobre cómo era un poblado protohistórico del siglo VI a.C.

En el Alto de la Cruz las casas estaban alineadas en dos calles y adosadas entre sí, mostrando un urbanismo planificado. Las paredes se construían con adobe, ya que la piedra es escasa en la zona. Los suelos eran de barro y yeso pisado. Gruesos postes de madera de pino sostenían los techos de madera, ramas y barro. Las paredes interiores se recubrían con barro y se encalaban de blanco con decoraciones en rojo principalmente geométricas, dominando los motivos triangulares. Se encontraron varias figuritas antropomorfas pintadas casi a nivel del suelo que parece marcaban el lugar de enterramiento de niños pequeños bajo en suelo de las casas. La práctica de la inhumación de niños en el interior de las viviendas era muy habitual en los poblados de la Edad del Hierro.

El interior de las casas aparecía dividido en tres compartimentos: vestíbulo, vivienda y despensa. El vestíbulo se usaba para almacén provisional durante la época de recolección, depósito de leña y en ocasiones tenía un telar. La vivienda era la parte más espaciosa de la casa. En su centro había un hogar para el fuego. En una de las paredes se construía un banco corrido que era usado como asiento y como basar donde se depositaban los recipientes cerámicos. La despensa se situaba al fondo de la casa. En ella se almacenaban en grandes tinajas las provisiones de cereales y se guardaban las herramientas de trabajo. Según los investigadores el poblado pudo llegar a tener entre 300 y 350 habitantes y 60 casas.

El Alto de la Cruz dio una ingente cantidad de materiales arqueológicos que sirvieron para esclarecer como vivían las poblaciones del valle del Ebro en el primer milenio a.C. Destaca el importante conjunto de cerámicas, dominando los vasos de forma bitroncocónica hechos a mano. Uno de los hallazgos más importantes fue un vaso votivo de cerámica, que hoy podemos contemplar en el Museo de Navarra.

De metal destacan las fíbulas, broches con los que sujetaban las capas y prendas de vestir. Prueba de la actividad metalúrgica en el poblado son el horno para fundir mineral y los moldes de arenisca con los que realizaban instrumentos y armas de hierro y bronce. Pero la economía del poblado se basaba principalmente en la agricultura, con aprovecha miento de la fértil vega del río Ebro.

Aparecieron numerosos molinos de tipo barquiforme, con los que molían el grano.

Un hallazgo importante fue la aparición de idolillos de barro en los que se representa muy esquemáticamente la figura humana y que fueron los primeros de este tipo hallados en la Península Ibérica.

Parece ser que el Alto de la Cruz fue finalmente abandonado de forma pacífica en el siglo IV a.C. ya que en los estratos superiores de esta ciudad prehistórica no hay restos de incendio. Una de las causas del abandono de la ciudad pudo ser el traslado a otro lugar con mejores defensas naturales.

Talud defensivo en la parte sur del poblado

El pequeño cerro está hoy rodeado de una acequia que seguramente sigue el antiguo foso que defendía el poblado. Apenas quedan a la vista restos de las viviendas. Muchas estructuras se perdieron con el paso del tiempo debido a su construcción en adobe. Otras se han vuelto a cubrir tras la excavación para preservarlas. Aun así, es interesante acercarse a conocer un lugar clave dentro de la arqueología de la Península Ibérica. Pasear por el Alto de la Cruz es caminar sobre más de siete siglos de Historia.

A pesar de la poca altura del cerro, las vistas desde el Alto de la Cruz son muy amplias. Al norte las Bardenas. Hacia el sur el gigante Moncayo. Es el *Mons caius* de los romanos, monte cano por la nieve que adorna su cima cuando la nieve ya ha desaparecido hace tiempo de los montes de alrededor. El Moncayo con su riqueza minera marcó la importancia estratégica de toda esta zona y se cree que llegó a ser un monte sagrado para las poblaciones que vivían en esta parte del valle del Ebro. Era el horizonte de quienes durante siglos habitaron este pequeño poblado sin saber que luego se hablaría de ellos en muchas facultades de Historia.

¿Cómo llegar?

Cortes es la población situada más al sur de Navarra. Se encuentra a 120 kilómetros de Pamplona y a 22 de Tudela. Se accede a la localidad por la salida 116 de la A-68. Antes de entrar en la población, a la izquierda sale la carretera que lleva al cementerio. A 200 metros al sur del cementerio, al otro lado de la carretera, está el Alto de la Cruz. Para acceder al yacimiento podemos desandar la carretera 220 metros y a la derecha sale un camino entre los campos de cultivo que lleva al yacimiento.

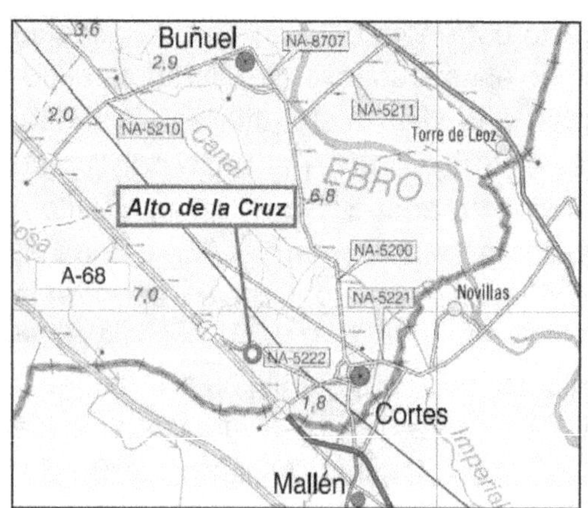

Geolocalización:
x 629040
y 4643007
mapa 1:25.000
321-I Cortes

NECRÓPOLIS DEL CASTILLO Y MUSEO DE CASTEJÓN

El cerro del Castillo

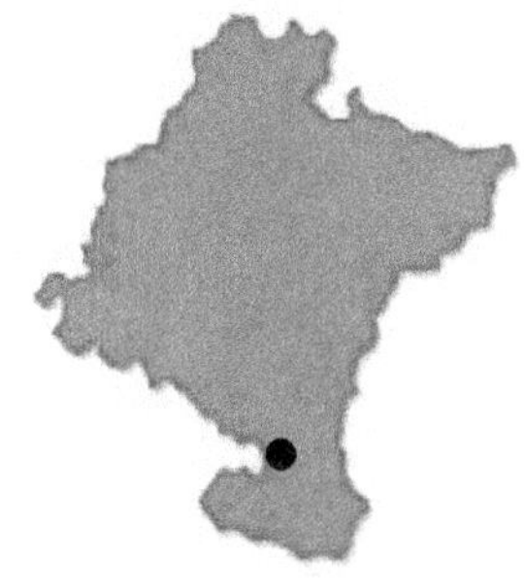

En Castejón, nudo de comunicaciones ferroviarias al sur de Navarra, salió a la luz en 1999 una de las necrópolis de la Edad del Hierro más impresionantes de toda la Península Ibérica. La necrópolis de El Castillo destaca por el número de tumbas, su variada tipología y lo extraordinario de los ajuares encontrados.

El nombre de la necrópolis viene del Cerro del Castillo, promontorio cercano a Castejón que era donde se ubicaba el poblado al que pertenece la necrópolis. Necrópolis y poblado están a sólo 450 metros de distancia, en la margen derecha del río Ebro.

Ya se sabía que la zona era rica en hallazgos arqueológicos. A mediados del siglo XX se hicieron excavaciones en lo alto del cerro donde aparecieron restos de casas del poblado protohistórico. Al este del promontorio, se descubrió además una villa romana, la villa del Montecillo.

Ante el proyecto de la construcción de una central térmica, se encargó un estudio arqueológico de la zona. Se pensaba que cerca del Cerro del Castillo debía estar la necrópolis donde los pobladores de la Edad del Hierro enterraban a sus muertos. Lo que no era de prever era la importancia del yacimiento arqueológico que se iba a descubrir.

Museo de Castejón

En una ligera elevación donde habían aparecido en superficie algunos trozos de cerámica y cenizas se hizo una primera cata. Ante la sorpresa de los excavadores apareció una tumba formada por un túmulo de cantos rodados. Debajo, la urna funeraria con un rico ajuar de armas, vasijas y objetos de adorno. Ello llevó a la incoación de expediente de Bien de Interés Cultural para la conservación del yacimiento arqueológico.

Las sucesivas campañas de excavaciones a partir del año 2.000 confirmaron que la necrópolis de El Castillo era una de las mejor conservadas y ricas de todo el mundo celtíbero.

No hay acuerdo entre los especialistas sobre si los cambios que se produjeron en la Edad del Hierro se deben pobladores venidos del otro lado del Pirineo o más bien a procesos de aculturación de las poblaciones autóctonas. Contingentes de celtas habían entrado por los pasos pirenaicos en los albores del primer milenio a.C. Eran sociedades guerreras que traían el ritual de la incineración desde Centroeuropa y la generalización de la utilización del hierro en las herramientas y armas que utilizaban. ¿Hubo invasiones celtas o más bien grupos pequeños de colonos que fueron exten-

Carnero votivo

diendo su cultura entre los habitantes ya asentados hace tiempo en estas tierras? Lo que sí está comprobado es que en el primer milenio antes de Cristo se produce un aumento de la población que trae consigo la aparición de una red de poblados y asentamientos sobre todo en la zona media y sur de Navarra. La parte sur de Navarra, lo que hoy es Zona Media y Ribera, era la parte de Navarra más rica económicamente, con grandes extensiones de aprovechamiento agrícola. También era lugar estratégico de paso e influencias entre la Meseta Norte, Levante y el Norte peninsular. El valle del Ebro cumplía las condiciones para el asentamiento de grupos humanos dedicados a la agricultura cerealística y son muchos los poblados protohistóricos en la zona. El Cerro del Castillo es uno de ellos. Alcanzó su auge entre los siglos VI y IV a. C. tal como parece indicar la espectacular necrópolis.

Actualmente la necrópolis se encuentra dentro de la central térmica y no es posible su visita. En el moderno Museo de Castejón se ha suplido esta carencia con una exposición permanente sobre el yacimiento de la Edad del Hierro y la cercana villa romana del Montecillo.

El museo de Castejón, fue inaugurado en el año

Reproducción de algunas de las tumbas de la necrópolis

2006 en el solar donde se encontraba el antiguo mercado. En su planta baja está la sección de arqueología. En ella podemos ver la reproducción de algunas de las tumbas que se encontraron en la necrópolis del cerro del Castillo.

Se incineraba a los cadáveres en una pira funeraria. En el museo se recrea la disposición del guerrero en la pira antes de ser incinerado. El individuo era enterrado con su ajuar, que estaba compuesto de objetos personales, armas, vasijas y de instrumentos utilizados para el banquete funerario. Tras la incineración, las cenizas del difunto y algunos objetos personales, sobre todo objetos de adorno, se introducían en una urna funeraria que se depositaba en el lugar de enterramiento. Otros objetos más grandes, como las armas, se situaban alrededor de la urna. Por último se cubría todo con un túmulo de cantos rodados y en las tumbas más elaboradas con una cista de adobe. Algunas tumbas están rodeadas por un anillo de adobe o cantos que delimitaba el espacio de enterramiento. Cantos rodados y arcilla, eran materiales abundantes en la zona, donde escasea otro tipo de piedra.

En los ajuares es común el uso del bronce y del hierro. El bronce principalmente en los objetos de adorno y el hierro para las armas. También se utilizó el hierro para piezas del banquete funerario como parrillas y ganchos para la carne.

La abundancia de armas en los ajuares de la necrópolis de El Castillo, nos habla de una sociedad donde los valores guerreros tenían una gran importancia en la jerarquía de la comunidad. Estaban liderados por una élite de guerreros que consideraban el valor en combate como la más alta cualidad y la muerte en la batalla como la más deseada. Las armas, como símbolo del guerrero, estaban ligadas a su poseedor. Por eso en muchas ocasiones se encuentran las armas dobladas, inutilizadas a la hora del enterramiento para que su uso acabara con el guerrero. En la necrópolis del Castillo se encontraron espadas, lanzas, cuchillos y soliferrum, jabalina hecha completamente de hierro. También algunos restos de escudos.

El tamaño de la tumba, así como la riqueza del ajuar, tiene relación con la importancia del enterrado. Destaca el enterramiento nº 11, que se ha llegado a calificar de principesco. Está reproducido parcialmente en el museo, con cista central de adobe donde estaba depositada la vasija funeraria. Esta cista estaba rodeada de un anillo circular de ocho metros de diámetro construido con varias hiladas de adobe. Esta tumba contrasta con las más habituales, las de túmulo de cantos rodados que alcanzan en su mayoría el metro de diámetro. Pero lo más excepcional de esta tumba es su ajuar. Es el más importante de los encontrados en el yacimiento. Entre las pertenencias de este gran personaje destacan los bocados de caballo, la parrilla del banquete funerario y las dos espadas. El caballo era símbolo de prestigio y poder en la Edad de Hierro y su uso reservado a las élites. La parrilla, junto con la que apareció en la tumba nº 13, son las mejores encontradas en las necrópolis del valle del Ebro. Las espadas tienen la singularidad de ser de dos tipos muy distintos. Una es una espada de La Téne, originaria de Centroeuropa, típica celta. La otra es una falcata, el arma preferida por los iberos, muy abundante en Levante. Este ejemplar es el primero encontrado en el valle del Ebro. Es muestra de las influencias que este corredor histórico recibía de otras zonas de la Península.

De las piezas que expone el museo también hay que destacar los objetos de adorno y vestido.

De los primeros vemos torques, anillos, collares, pulseras, colgantes, etc. De los segundos hay una excelente colección de broches de cinturón y fíbulas. Una especialmente interesante está hecha con bronce y oro.

No hay que dejar de ver en el museo las vitrinas dedicadas a la villa romana del Montecillo.

Fíbula de bronce y oro

Entre las piezas destaca una jarra de hierro con cabeza de mujer, pieza realmente excepcional dentro del patrimonio arqueológico romano de la Península Ibérica.

Se puede completar la visita al Museo de Castejón acercándonos al Cerro del Castillo, visible desde la terraza mirador del museo, al otro lado de las vías del tren.

En lo alto de este histórico monte se construyó un

depósito de agua para los trenes, hoy abandonado. El Cerro del Castillo está colgado sobre el río Ebro que pasa a poca distancia. Cerca, la central térmica donde espera la necrópolis a que vuelva a ser excavada. Hoy no quedan restos de las casas de los pobladores de la Edad del Hierro en el cerro. Pero sí podemos disfrutar de las panorámicas del territorio que dominó ese jefe guerrero que fue enterrado con toda su panoplia militar hace 2.500 años.

Jarra con cabeza de mujer

¿Cómo llegar?

Castejón esta junto a la N-113, en la Ribera Navarra, junto al río Ebro. El Museo de Castejón se encuentra en el mismo centro de la localidad, en la plaza de España.
Horario:
De febrero a noviembre: jueves, viernes, sábados, domingos y festivos: de 10:00 a 14:00
Enero y diciembre: domingos y festivos de 10:00 a 14:00
Cerrado 25 de diciembre, 1 y 6 de enero.
El Cerro del Castillo se encuentra a un kilómetro del museo. Hay que atravesar las vías del tren por el paso subterráneo que sale de la calle que pasa por detrás del museo. Luego hay que seguir la calle río Ebro trescientos metros hasta su final. Desde aquí ya se ve a la derecha el promontorio, inconfundible por los restos del antiguo depósito de agua en su cima. Sólo queda acceder al mismo por la pista de tierra que pasa junto al cerro.

Geolocalización:
x 608919
y 4670294
mapa 1:25.000
244-IV Arguedas

PUENTE Y CALZADA DE CIRAUQUI

Calzada romana de Cirauqui

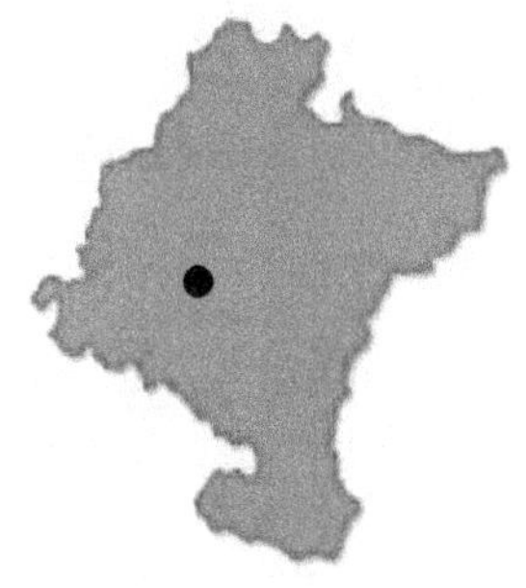

En el proceso de romanización de la Península Ibérica, las calzadas fueron un elemento fundamental. La conquista militar por Roma sólo podía consolidarse mediante una red viaria adecuada que sirviera de vehículo para el comercio y las influencias culturales, además de facilitar un rápido desplazamiento de tropas para sofocar las revueltas que pudieran producirse. Servían para la ordenación del territorio y expandían la influencia de los centros de poder, ubicados en las ciudades, a todos los rincones del Imperio. Eran imprescindibles para optimizar el rendimiento económico de la recién conquistada Hispania ya que facilitaban el transporte de mercancías desde los lugares de producción a las ciudades o puertos.

Las vías romanas más importantes que atravesaban

Navarra eran dos. Una unía Burdeos con Astorga pasando por Pamplona y el valle de la Barranca. La otra remontaba el Ebro y venía desde Tarragona (*Tarraco*) y pasaba por Zaragoza (*Cesaraugusta*) y Calahorra (*Calagurris*). Numerosas vías secundarias surcaban el territorio navarro. Unas eran viejos caminos prerromanos que ahora se mejoraban y adaptaban con las técnicas romanas a las nuevas necesidades. Otras eran nuevas, permitiendo el aprovechamiento de explotaciones agrícolas o mineras de nueva planta.

Calzada vista desde el norte

En Cirauqui podemos contemplar la calzada mejor conservada de Navarra. Hay dudas sobre su origen romano, pero seguramente el trazado viene de aquella época, si bien, como pasa hoy en día con las carreteras y los caminos actuales, fue modificada y reconstruida a lo largo de los siglos para que continuara estando en uso. La calzada de Cirauqui conserva el pavimento empedrado y las aceras. Pero lo que más destaca del conjunto es el puente romano que cruza el regacho de Iguste. Data de los siglos I-II d.C. Fue en parte modificado a principios del siglo XVIII. Se aprecia la obra nueva en las hiladas de piedra más oscura y en el pretil de la parte superior. El puente tiene un solo arco. Este tramo pertenecía a la vía romana que unía

Pompelo (Pamplona) con *Vareia* (Logroño).

En el camino de Iguste, al norte de Cirauqui se conserva otro tramo de la calzada que unía Andelos con Pompelo, dos de las ciudades romanas más importantes del territorio que hoy es Navarra. El trazado discurre por el barranco de Iguste en dirección a los Altos de Guirguillano. El tramo mejor conservado se encuentra en el límite del municipio de Cirauqui con el de Guirguillano, a cuatro kilómetros de Cirauqui. Se puede apreciar perfectamente el modo de construcción. El firme se compone de losas en sus partes externas que delimitan el cuerpo interior inte-

Puente romano de Cirauqui

grado por piedras más pequeñas. La anchura media es de dos metros. En algunos tramos las piedras de la calzada están clavadas verticalmente para favorecer la frenada de los carros en los tramos con pendiente acusada.

El Camino de Santiago abandona la localidad de Cirauqui siguiendo la calzada romana. Hoy miles de peregrinos jacobeos siguen recorriendo la calzada de Cirauqui. Seguramente muchos no saben que están siguiendo los pasos de soldados, colonos, pobladores y comerciantes que usaron esta misma vía para desplazarse en este alejado rincón del Imperio romano.

Calzada del camino de Iguste

¿Cómo llegar?

A Cirauqui se accede tomando la salida 27 de la A-12 (Pamplona – Logroño). La calzada y el puente romano están a la salida del pueblo siguiendo el Camino de Santiago en dirección a Estella.

Para seguir el camino de Iguste hay que coger la pista que recorre el barranco tras cruzar la autovía por el paso inferior. A los 3,600 Km. hay que salirse de la pista principal a la derecha para visitar el mejor tramo de la calzada.

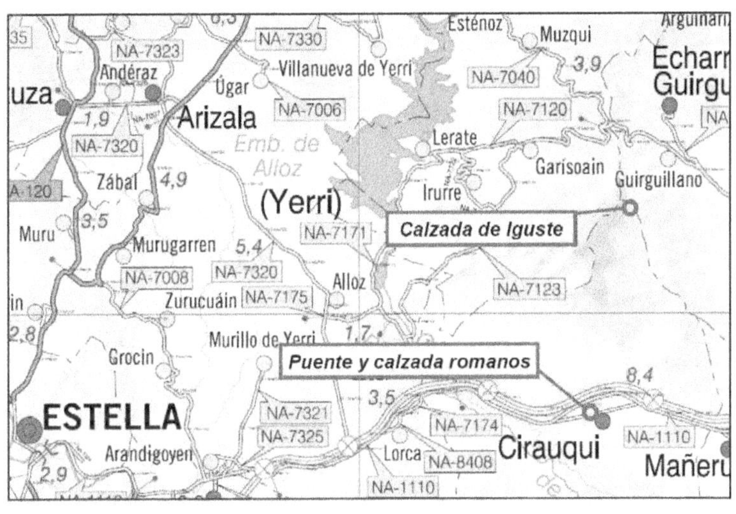

Geolocalización:

Puente y calzada de Cirauqui
x 590651
y 4725769

Calzada de Iguste
x 591283
y 4729110

mapa 1:25.000 140-IV Abarzuza

CARA, CIUDAD ROMANA

Vista general

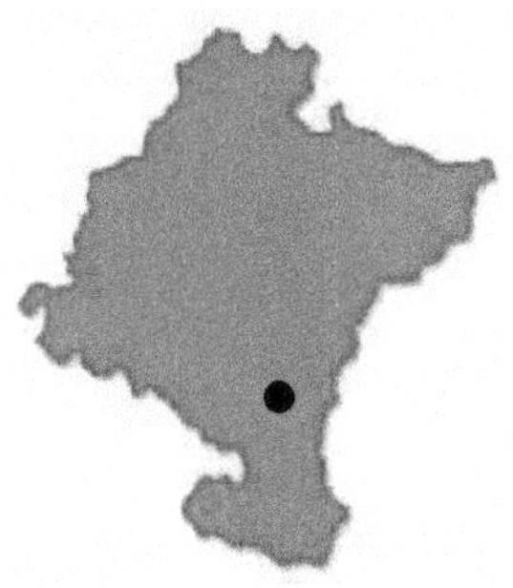

En el solar de lo que hoy es Santacara existió ya en la Edad del Hierro un poblado u *oppidum* que ocupaba el promontorio del Monte San Pedro. El poblado prerromano era uno de los más importantes y extensos de los encontrados en Navarra. Se calcula que su extensión llegó a las 7-8 Has. Este poblado recibió tempranamente la influencia de la romanización. Se fue convirtiendo en una de las más importantes ciudades romanas que hubo en lo que hoy es Navarra. El yacimiento arqueológico está declarado Bien de Interés Cultural desde el año 1993.

La ciudad romana se estableció junto al *oppidum* de la Edad del Hierro. Los hallazgos romanos se superponen al anterior poblado y ocupan buena parte de la terraza fluvial del río Aragón. La Santacara actual a su vez está levantada en parte sobre la romana. De hecho, el nombre de la localidad es una cristianización del nombre de la ciudad romana: *Cara*.

La ciudad de la Edad del Hierro toma contacto con los romanos posiblemente desde las campañas de Catón en tierras de los suessetanos en el siglo II a.C. En esta zona del tramo medio del Aragón se dio una intensa romanización más tempranamente que en Pompelo o Andelos, debido a su proximidad a la vía de penetración que es el Ebro y la cercanía de importantes ciudades cercanas, como *Caesaraugusta* (Zaragoza), *Iaca* (Jaca) y *Calagurris* (Calahorra). Los hallazgos en *Cara* muestran una ciudad plenamente romanizada antes del cambio de era.

Plinio, en el siglo I d.C., cita a los carenses como una de las ciudades estipendiarias, es decir, de las que pagaban impuestos a Roma. Se encontraba en una de las vías más importantes que atravesaban este territorio, la que unía *Caesaraugusta* y *Pompelo*.

Las excavaciones sistemáticas en Santacara empezaron en 1974. Los indicios previos de la existencia de la ciudad romana eran claros. Desde el siglo XVII se habían localizado varios miliarios y otras fuentes epigráficas donde se mencionaba la ciudad de *Cara*. Además en muchas casas

Piedras de paso sobre la calle principal

de la localidad se habían reutilizado sillares y elementos de origen romano. Un hallazgo fundamental para impulsar las excavaciones fue el hallazgo por un vecino de la localidad de un capitel

Restos de edificio con columnas

corintio de cuidada factura. Eso llevó a pensar en la existencia de un edificio de carácter monumental en el solar donde apareció el capitel. Se realizaron siete campañas de excavación que sacaron a la luz buena parte de la ciudad romana.

Las expectativas se cumplieron. Apareció un edificio de época republicana. Este edificio en un momento dado se destruyó y sobre él se construyó un edificio que por los hallazgos encontrados debió ser un templo dedicado al culto imperial. En las excavaciones se localizó un sillar con los restos de unos pies de bronce calzados que debieron pertenecer a un personaje togado. En la misma pieza se conservaban las piezas de plomo para la sujeción de una segunda figura. Es un pedestal sobre el que, en su día, había dos estatuas en bronce de personajes ilustres de *Cara* representados a tamaño natural. La pieza se encuentra hoy expuesta en el Museo de Navarra.

En este mismo edificio de culto se encontró una cabeza masculina de mármol perteneciente a un hombre de mediana edad que es una de las mejores piezas escultóricas romanas aparecidas en Navarra. También se encontró otro capitel corintio igual al encontrado anteriormente. Los dos capiteles y el busto también están depositados en el Museo de Navarra.

Cerca de este primer edificio cultual se hallaron restos de otro edificio de estructura semejante al primero y próximo al mismo. Por las cenizas y trozos de viga quemados encontrados parece que ambos edificios fueron destruidos por un incendio. Se estima la cronología de estos

Calle enlosada de Cara

edificios en el siglo I y comienzos del II d.C.

También se encontraron ruinas de edificios que debieron tener función industrial o artesanal, con grandes hornos. Una pieza muy interesante hallada en las excavaciones es un capitel a medio hacer, que acredita de la existencia en la ciudad de *Cara* de un taller de cantería.

Entre los restos que hoy podemos visitar destaca la calle principal de la ciudad (*cardo*). Estaba enlosada y tenía amplias aceras pavimentadas con piedra. Desciende hacia el río y parece que se adapta a la estructura del poblado prerromano. Se conservan grandes piedras sobreelevadas que cruzan la calle en varios puntos y que servían para cruzar la calle en época de lluvias así como para evitar las inmundicias que desde las casas se vertían directamente a la calle.

Otros hallazgos interesantes fueron una gran mansión del siglo I d.C parcialmente excavada y unas amplias estancias pavimentadas con *opus signinum* con decoración geométrica.

Las casas prerromanas se cimentaban sobre un zócalo de piedra y los muros se levantaban con adobes. Las casas romanas tenían una construcción más solida, utilizándose

Muralla de Cara

para su alzado el sillarejo unido con barro. Las techumbres estaban cubiertas con tejas. Los pavimentos eran de tierra batida principalmente, si bien en algunos edificios se encontraron suelos de lajas de piedra o de ladrillos en espiga, es decir, de canto y yuxtapuestos en ángulo.

Como elementos defensivos destaca un amplio paramento de muralla en la parte del yacimiento más cercana al paseo.

La ciudad tuvo su momento de máximo esplendor en los siglos I-II d.C. Es cuando ocupó su máxima extensión que se calcula entre 16-18 Has. *Cara* era un importante cruce de caminos. Su situación cerca del Ebro y en la vía que unía *Caesaraugusta* y *Pompelo* favorecían su integración en las corrientes comerciales. Las cerámicas de importación procedentes de Italia y Galia halladas en la excavación son muestras de este comercio. Por los miliarios encontrados (mojones de piedra que señalizaban los caminos) sabemos que *Cara* era la milla cero para las comunicaciones del territorio de su influencia.

En el siglo III comenzó la decadencia de la ciudad. En esta época la ciudad había perdido buena parte de sus habitantes y debía afrontar los tiempos revueltos que vinieron a partir de finales del siglo III d.C. *Cara* siguió habitada hasta mediados del siglo IV d.C.

Gracias a los restos epigráficos han llegado hasta nosotros los nombres de varios carenses. Destaca entre ellos Postumia Nepotiana, que fue sacerdotisa del culto imperial en *Tarraco* (Tarragona), la capital de la provincia romana entre 150 y 180 d.C. No sería de extrañar que Postumia hubiera sido también sacerdotisa en los templos excavados en Cara y hubiera presidido sus cultos y rituales en este lugar de la Zona Media de Navarra.

¿Cómo llegar?

La ciudad de Cara se encuentra en el casco urbano de Santacara. En la localidad hay indicaciones para llegar al aparcamiento que está junto al yacimiento arqueológico. Las ruinas de la ciudad romana se encuentran junto al paseo que lleva a la ermita románica de Santa Eufemia.

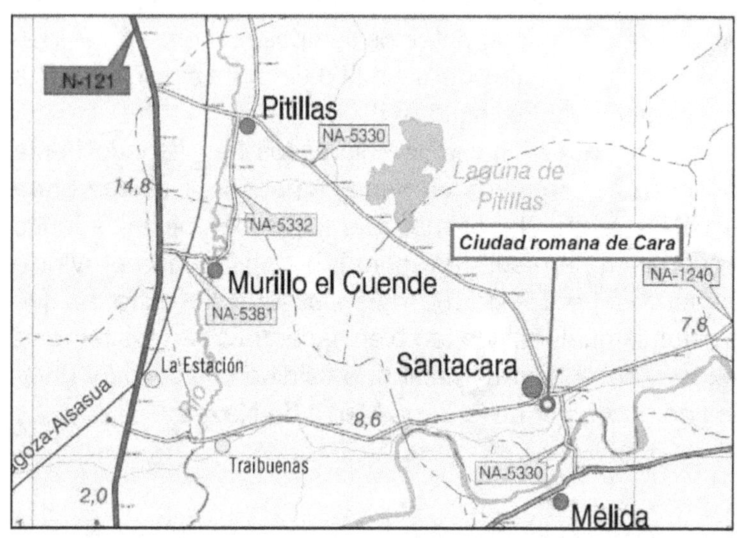

Geolocalización:
x 619528
y 4692549
mapa 1:25.000
206-IV Caparroso

ANDELOS, CIUDAD ROMANA

Termas de Andelos

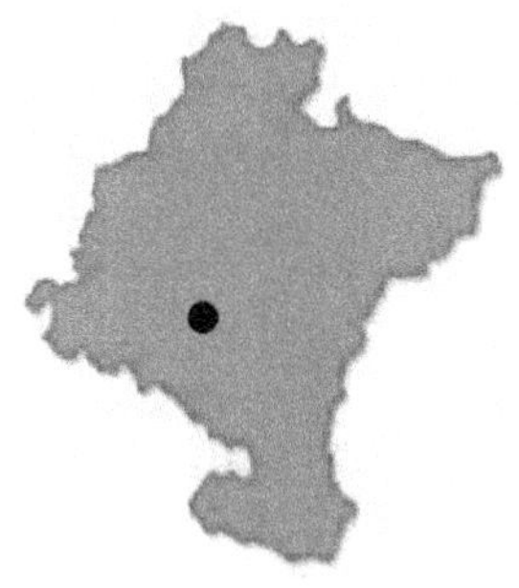

La ciudad romana de Andelos es uno de los yacimientos arqueológicos romanos más importantes del norte de España. Además de ser un ejemplo de urbanística romana, ha llegado hasta nosotros el sistema de abastecimiento de agua de la ciudad, que es uno de los mejores que se conservan del mundo romano.

El origen de la ciudad está en un poblado vascón que fue prontamente romanizado, igual que ocurrió con otras ciudades romanas del entorno, como *Cara* o *Pompelo*. La primera mención de Andelos es de Plinio, en el siglo I d.C. Ptolomeo dice que era una de las ciudades de los vascones. El Padre Moret identificó el lugar a través de las piedras con inscripciones reutilizadas en la construcción de la ermita cercana.

Andelos estaba en un cruce de caminos. Por aquí pasaba la calzada que siguiendo el río Arga comunicaba las tierras del Ebro con Pamplona. Cerca de Andelos también está la calzada que llevaba de *Pompelo* a *Vareia*, cerca de Logroño.

En su periodo de máximo esplendor, siglos I y II d.C., Andelos ocupó una extensión de 18 Has. Hasta ahora se ha excavado una quinta parte de la ciudad, pero los edificios y calles que se han sacado a la luz dan una buena idea de cómo era una ciudad romana hace 2.000 años. A ello ayuda la excelente musealización del yacimiento, con paneles explicativos que facilitan la visualización de cómo debieron ser los diferentes edificios de la ciudad.

Museo de Andelos

La visita empieza en el Museo de Andelos, abierto desde el año 2003. El mismo edificio del museo tiene interés, ya que fue Premio Nacional de Arquitectura en Ladrillo en el año 2001. En el museo podemos contemplar piezas arqueológicas y maquetas que ayudan a la interpretación del yacimiento y a comprender como era la vida de los habitantes de Andelos.

Desde el museo entramos a la ciudad romana por una calle porticada. Aquí se conservan los soportes de varios arcos del acueducto que traía el agua a la ciudad.

El primer edificio de interés es la lavandería (*fullonica*) con piletas impermeabilizadas con *opus signinum*. Más adelante está el *Castellum aquae*, depósito de distribución del agua a la ciudad. Algún autor sostiene que este curioso edificio puede ser en realidad el basamento de un templo.

Castellum Aquae

Junto al *Castellum Aquae*, están los restos medievales de Andelos ya que la ciudad siguió habitada hasta el siglo XIV en que fue abandonada. La causa seguramente fue la peste de 1348.

El siguiente edificio romano importante es la Casa del Peristilo. Era de las más lujosas de la ciudad. Tiene 600 metros cuadrados de superficie, y se estructura alrededor de un patio porticado que debió estar adornado con vegetación, fuentes y estatuas.

Se sigue por el *decumanus*, otra de las calles importantes de la ciudad. Por el *decumano* se llega a la Casa de Baco que toma el nombre del Mosaico del Triunfo de Baco que adornaba el suelo del *Triclinium* o comedor. Este bello mosaico, uno de los mejores encontrados en Navarra, está hoy en el Museo de Navarra, en Pamplona.

Del *decumanus*, con sentido este-oeste, pasamos al *cardo*, con sentido norte-sur. Las calles forman el típico trazado hipodámico o en cuadrícula tan estimado por los tratadistas en urbanismo romanos y que es el que hoy utilizamos preferentemente en nuestras ciudades.

En el *decumano* están las termas. Las termas no sólo eran lugares de aseo o ejercicio, también eran centros de vida social. Podemos imaginar cómo los andelonenses dejaban la ropa en el *apodyterium* o vestuario y luego disfrutaban de baños a diferente temperatura en el *laconicum* (sauna de agua caliente), el *tepidarium* (sala de baños templados) y el *frigidarium* (baños en agua fría).

Casa del Impluvium

Al final del cardo está la Casa del Impluvium, llamada así por tener un patio con un estanque de 12 metros cuadrados que recogía el agua de lluvia que caía de los tejados.

Pero lo más singular de la ciudad romana de Andelos es su sistema de abastecimiento de aguas. Es una de las obras públicas romanas más importantes de toda la Península Ibérica. Vamos a seguir el camino del agua para abastecer la ciudad.

A tres kilómetros de la ciudad de Andelos, hacia el oeste, se encuentra la presa romana, conocida popularmente como el "Puente del Diablo". Tiene una capacidad para 20.000 metros cúbicos. Los restos hoy conservados corresponden a dos fases de construcción, ya que la primera presa no aguantó la presión del agua y tuvo que ser reforzada con una pantalla de hormigón de 102 metros con contrafuertes.

Presa de Andelos

Desde la presa el agua iba canalizada hasta el depósito regulador que se encuentra a 400 metros de la ciudad romana. Tiene 7.000 metros cúbicos de capacidad y 85x37 metros en sus ejes máximos. Está reforzado con contrafuertes interiores para aguantar el empuje de la tierra cuando el depósito estaba vacío. Es el más grande de los encontrados en la antigua Hispania.

En el muro más cercano a la ciudad, el depósito tiene una arqueta y una cámara de llaves por la que se controlaba el agua que salía al acueducto que superaba la vaguada existente entre el depósito regulador y Andelos. Del acueducto quedan restos de los soportes de los 52

Depósito regulador

arcos que tenía. El acueducto tenía 700 metros de longitud y acababa en el *Castellum aquae*.

El *Castellum aquae* distribuía el agua por la ciudad. Se conserva el podio sobre el que se levantaba el depósito de agua. Parece ser que en uno de sus lados estaba adornado con una fuente o ninfeo.

Es de suponer que las futuras excavaciones sacarán a la luz el foro, plaza porticada que era el centro civil y político de las ciudades romanas donde se situaban los edificios públicos y religiosos de especial relevancia. Por otra parte, no sería de extrañar que la ermita de de la Virgen de Andión, que toma el nombre de la ciudad romana, y que se encuentra junto a la ciudad romana de Andelos, estuviera sobre un antiguo templo romano.

Andelos es la visión del pasado que hoy nos ofrece, pero también es futuro en todo lo que queda por excavar e investigar.

El cercano pueblo de Mendigorría, orgulloso de su pasado y de tener en su término municipal esta importante ciudad romana, prepara todos los años el Festival Romano de Andelos, donde además de realizar visitas guíadas al yacimiento arqueológico, se recrean aspectos de la vida cotidiana de Andelos, con desfiles, luchas de gladiadores, representaciones de teatro, etc…

Festival romano de Andelos

¿Cómo llegar?

Andelos está en el término municipal de Mendigorría, a poco más de cuatro kilómetros de la localidad. Hay que salir del pueblo por la NA-6040 en dirección a Larraga. A un kilómetro a la derecha está el desvío señalizado que lleva al yacimiento.

Horario de apertura al público:

-Enero, Febrero, Marzo, Octubre, Noviembre y Diciembre: Viernes y sábados, de 10h a 14h y de 15h a 18h. Domingos, de 10h a 14h.

-Abril, Mayo, Junio y Septiembre: Viernes y sábados, de 10h a 14h y de 15h a 19h. Domingos, de 10h a 14h.

-Julio: Viernes y sábados, de 10h a 14h y de 16h a 20h. Domingos, de 10h a 14h.

-Agosto: de miércoles a sábados, de 10h a 14h y de 16h a 20h. Domingos, de 10h a 14h

Desde el museo, en dirección oeste, sale una pista que pasa junto al depósito regulador. Siguiendo la pista, a 2,1 kilómetros del depósito hay que desviarse a la derecha. Medio kilómetro más adelante está la presa romana.

El depósito regulador y la presa son visitables a cualquier hora al estar fuera del recinto musealizado.

TORRE DE URKULU

Torre de Urkulu

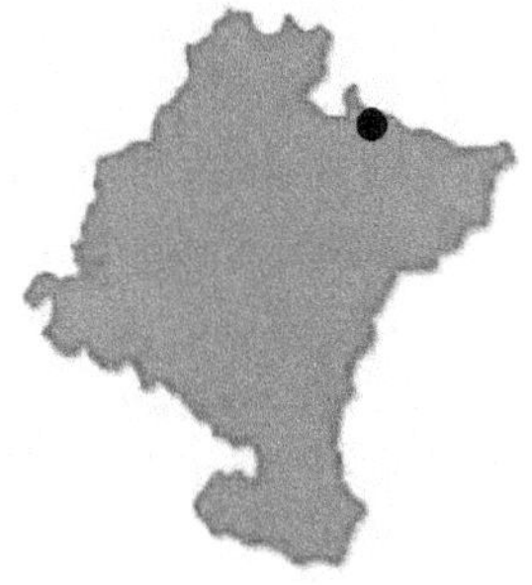

En el norte del Valle de Aezkoa, en el término municipal de Orbaizeta, se alza Urkulu. Es una de las montañas más singulares del Pirineo Occidental porque en su cima se levanta un monumento único dentro de los yacimientos romanos que han llegado hasta nosotros aguantando el paso de los siglos. Es la torre-trofeo romana de Urkulu, que desde estas alturas domina ahora el Camino de Santiago y hace 2.000 años la calzada romana que unía Burdeos con Astorga atravesando el Pirineo por estos collados.

El paraje donde está situada la torre es de gran belleza, ya que es un potente lenar o lapiaz cárstico, fenómeno erosivo que provocan las aguas de lluvias y las nieves al perforar el manto rocoso calizo y formar grietas profundas y estrechas.

La torre es una construcción de sección circular formada por un doble paramento de piedra. Mide 3,5 metros de alto por 19,5 de diámetro. En alzado tendría forma tronco-cónica, ya que sus paramentos exteriores tienen una inclinación de 9 grados. Por el volumen de los bloques acumulados al pie de la torre se ha podido estimar que la altura primitiva de la torre era de 4,5 metros.

Ha habido numerosas hipótesis sobre la fecha de construcción y la finalidad del monumento. Se llegó a interpretar como monumento funerario de la Edad del Bronce o como torre medieval. Pero el enigma que rodeaba esta construcción en sitio tan elevado (1.420 m) y de climatología adversa empezó a resolverse en 1976 cuando J.L. Tobie lo identificó como una torre-trofeo, monumento conmemorativo que los romanos erigían al final de una campaña o batalla victoriosa y cuya función era recordar los límites del territorio pacificado y el poderío militar del pueblo romano. Esta hipótesis quedó confirmada con las excavaciones que en 1989-90 realizó un equipo de arqueólogos hispano-francés. Además de las ruinas de un pequeño fuerte francés de la Guerra de la Convención (finales del siglo XVIII) apareció el altar de consagración del monumento romano. Era una estructura en "U" con orientación N-S y cuyo centro se sitúa exactamente en el eje E-O de la torre. En el centro del altar se hallaba una mancha de tierra quemada, lugar donde tuvo lugar el rito de agradecimiento a los dioses por la victoria concedida incinerando las vísceras de algún animal sacrificado para la ocasión. El tiempo y las inclemencias meteorológicas han borrado los restos de este altar de consagración pero queda para el disfrute del amante de la historia la espectacular torre-trofeo.

Este modo monumental de conmemorar hechos bélicos relevantes se relata en numerosas descripciones de los historiadores romanos. Los generales de la República hacían levantar estos monumentos en la proximidad de los campos de batalla dejando así huella de su intervención en el engrandecimiento de Roma. Aunque en su día este tipo de torres-trofeo debieron ser más numerosas, a nuestros días han llegado escasos monumentos de este tipo, siendo los más significativos el de La Turbie en los Alpes Marítimos y Adamklisi en Rumanía. Por ello la torre de Urkulu es un monumento único en el Pirineo y en la Península Ibérica. Ha resistido milagrosamente el paso de los

La torre-trofeo de Urkulu desde el este.

siglos, conservando un alzado considerable, lo que hace aún más notable su interés arqueológico.

Respecto a su cronología, podría haber sido erigida a instancias de Pompeyo hacia el 75 a. C. marcando la frontera entre el mundo romano civilizado y los galos todavía sin romanizar o corresponder a la época del emperador Augusto y ser construido para conmemorar la pacificación de la zona y la conquista de Aquitania.

Podemos hoy imaginar a tropas romanas construyendo la gran torre sacando la piedra del propio lugar (todavía se puede apreciar la cantera cercana) y dedicando a su construcción un corto espacio de tiempo. De ahí la casi total ausencia de materiales arqueológicos alrededor de la torre. De hecho, el altar o *themenos* de consagración del monumento también ofrecía el aspecto de ser hecho

113

toscamente ya que fue levantado para celebrar la ceremonia de consagración y después fue abandonado.

En tiempos más cercanos, la cima del monte Urkulu, tal como atestiguan los restos de la casa-fuerte encontrada en las excavaciones, ha servido para albergar guarniciones de soldados en la guerra de la Independencia y de las guerras carlistas, donde los militares vigilaban desde esta altura el paso del collado de Arnosteguy hacia el estratégico lugar que era la fábrica de armas de Orbaitzeta.

El monte Urkulu

El Urkulu, con sus 1.420 metros de altura, también es un privilegiado mirador desde donde se disfrutan grandes panorámicas del Pirineo Navarro.

Junto al milenario monumento, algún general romano, quizás el mismo Pompeyo, más que la belleza de los montes y bosques que desde aquí se otean, veía tierras conquistadas y pacificadas. A unos metros, el sacerdote esperaba junto al altar la orden para empezar el sacrificio que consagraría el monumento a la mayor gloria del Imperio.

¿Cómo llegar?

Para llegar a la torre de Urkulu hay varias opciones. La más cómoda es alcanzar el collado de Arnosteguy por la carretera asfaltada que parte de San Juan de Pie de Puerto. Desde el collado se distingue bien el cuarteado escarpe calizo sobre el que se alza el torreón truncado al que se llega tras superar 200 metros de desnivel desde el collado.

Desde Orbaizeta, en el valle de Aezkoa, se puede llegar en coche hasta los prados de Azpegi, estación dolménica también comentada en estas rutas arqueológicas, y desde aquí, seguir el GR 12 hasta el collado de Soroluze. Desde el collado hay que superar las empinadas rampas hasta la cima o seguir el GR 12 hasta el collado de Arnosteguy y de aquí a la torre. En esta segunda opción hay que superar 400 metros de desnivel.

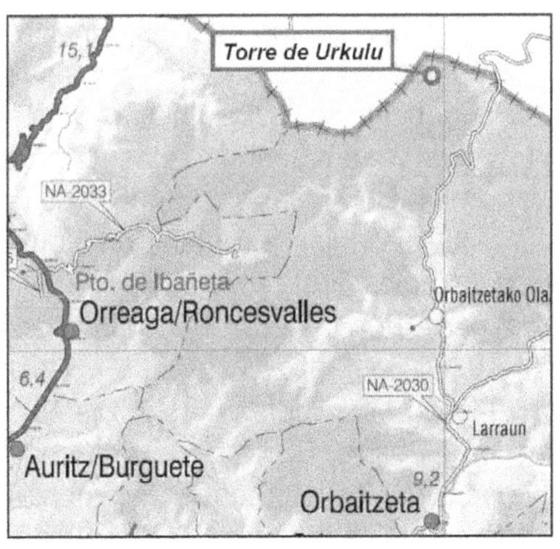

Geolocalización:
x 643500
y 4767464
mapa 1:25.000
91-IV Orreaga

MINAS ROMANAS DE LANZ

Cueva Ayerdi IV

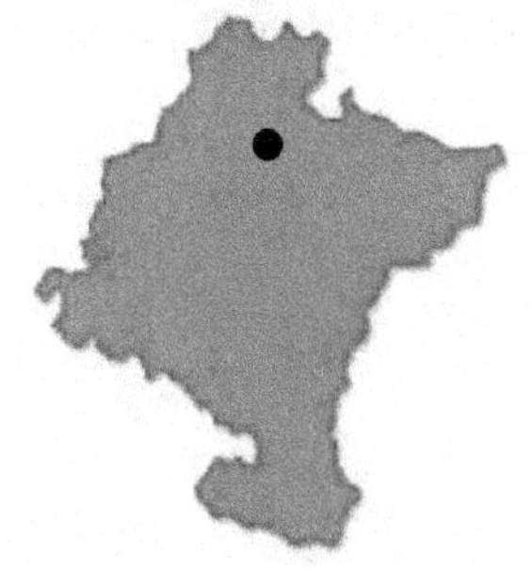

Uno de los motivos principales que llevaron a los romanos a la conquista de la Península Ibérica era su riqueza minera. Las fuentes escritas no han dejado huella de la actividad minera romana en Navarra, pero gracias a los estudios arqueológicos cada vez sabemos más de la minería en Navarra en los primeros siglos de nuestra era.

Las minas romanas de Lanz son el mejor ejemplo de la minería romana en Navarra. Se trata de una serie de cuevas que se encuentran a 2,5 kilómetros de la población de Lanz en las laderas de los montes Ayerdi y Otaño. Son cuevas naturales donde se han excavado galerías o ampliado grietas para proceder a la explotación del metal, sobretodo hierro y cobre.

La localidad de Lantz se encuentra en el valle de Anué, cercana a la calzada romana que pasaba por el puerto de Belate de la que aún se conservan algunos tramos. Se descubrieron las minas en 1971, cuando se encontró una lucerna ronama en la cueva Ayerdi IV. En la prospección que siguió al hallazgo aparecieron otros restos de cerámica romana.

Interior de Ayerdi II

Las minas de Lanz eran una importante explotación minera. Se extrajo metal de diez cuevas. También había dos explotaciones al aire libre, lo que aumentaría sustancialmente la producción. Las minas están en el barranco de Txorrostarrikoerreka, regata que baja del monte Saioa. La mina principal es Ayerdi IV, pero antes de llegar a ella se pasa junto a Ayerdi II, también explotada en la antigüedad. Su entrada es de forma cuadrangular y pequeña, de algo más de un metro de lado. Se puede penetrar en ella unos metros. Muy cerca de la entrada, a la izquierda, hay una galería artificial estrecha y de forma elipsoidal.

Otra cueva de interés es la de Basajaun Etxea (casa del Basajaun). Se encuentra muy cerca de Ayerdi II, un poco más arriba en la ladera. El Basajaun es el señor del bosque en la mitología vasca. También en esta cavidad se realizaron trabajos mineros en época romana, pero esta cueva destaca sobre todo por la belleza de sus estalactitas fruto del modelado kárstico. Tiene más de 400 metros de longitud. Es la reserva natural más pequeña de las de-

117

claradas por el gobierno de Navarra y para su protección actualmente está cerrada.

La mina más importante del conjunto es Ayerdi IV, a 860 m.s.n.m. Tiene una gran boca de entrada de 15 metros de ancho por unos cuatro metros de altura orientada hacia el noreste. Su acceso es en fuerte descenso. A pocos metros de la entrada, en el techo de la cueva, se ve el comienzo de la primera galería artificial de explotación. Al fondo de la cueva se

Galería en el techo de la cueva

abren más galerías mineras que se extienden 200 metros en varios niveles. No es recomendable acceder a estas galerías para evitar accidentes a no ser que se tengan conocimientos y equipo de espeleología.

La búsqueda del metal en el interior de la cueva ha dejado su huella en dos tipos de galerías. Las galerías de explotación son de sección circular con pareces lisas y cóncavas, que horadan la tierra en busca de los filones. Las galerías de extracción de mineral son de formas irregulares, siguiendo la veta metalífera.

El trabajo en el interior debió ser bastante penoso dada la estrechez de las galerías, de poco más de un metro de ancho de media. Las herramientas usadas eran mazas y piquetas que han dejado sus huellas en las paredes de la cueva.

Por los materiales arqueológicos hallados en las cuevas y laderas de Ayerdi, la explotación tuvo lugar durante los siglos I y II d. de C.

En las minas de Lanz tuvo que trabajar un importante contingente humano. La producción minera previsible por los restos de la explotación encontrados avala esta hipótesis. ¿Dónde vivían los trabajadores de la mina? Cuando regresemos al pueblo estaremos andando el camino que los mineros recorrían hace 2.000 años, ya que el origen de Lanz es el poblado minero romano.

Vista desde el interior de la cueva de la boca de Ayerdi IV

¿Cómo llegar?

Desde Pamplona hay que coger la N-121A en dirección a Francia. Tras pasar Olagüe hay que desviarse a la derecha por la NA-2523 hasta Lantz.

El recorrido andando son 5,8 Km. ida y vuelta. La ruta lleva a tres de las cuevas.

(Km. 0,00) La ruta empieza en la plaza de Lantz, junto a la iglesia.

(Km. 0,200) Hay que seguir la calle principal en dirección noreste hasta la salida del pueblo por una pista agraria.

(Km. 0,700) Cruce. Seguimos la pista principal, a la derecha.

(Km. 1,00) Pasamos sobre un primer puente.

(Km.1,100) Cien metros más adelante del puente llegamos a un cruce. Seguimos por la izquierda.

(Km. 1,300) Volvemos a cruzar la regata por un segundo puente.

(Km. 1,700) La pista gira a la izquierda cerca de una borda. Hay que desviarse hacia el noreste dejando la pista principal. Hay que salirse a la derecha cruzando el arroyo (puede estar seco en verano) para coger el camino que pasa junto a la borda cercana.

(Km. 2,200) El camino toma poco más adelante dirección este. Llegamos a un puente peatonal que se encuentra justo en la unión de dos arroyos.

(Km. 2,400) A sólo doscientos metros del último puente hay que estar atentos para salirnos de la pista principal por la derecha por un camino que en descenso lleva hasta el cauce del arroyo Txorrostarriko.

(Km. 2,600) Llegados al arroyo hay que cruzarlo con cuidado de no resbalar sobre las piedras. Ya estamos en la zona minera, aunque hoy el bosque de hayas ha acallado el ruido de los mazos y las piquetas sobre la roca. A poco más de una decena de metros hacia el oeste del vado donde se cruza el río y a cinco metros de altura sobre el cauce esta la cueva Ayerdi II.

(Km. 2,700) A sólo 100 metros al sur, pero superan-

do el fuerte desnivel de la ladera, se llega a la cueva de Basajaun Etxea.

(Km. 2,800) A un centenar de metros hacia el oeste de la cueva del Basajaun está Ayerdi IV.

Geolocalización:

Ayerdi II
x 614129
y 4763237

Basajaun Etxea
x 614157
y 4763168

Ayerdi IV
x 614241
y 4763136

mapa 1:25.000
90-IV Alkotz

MURALLA ROMANA DE OLITE

Torre romana integrada en el urbanismo de la ciudad

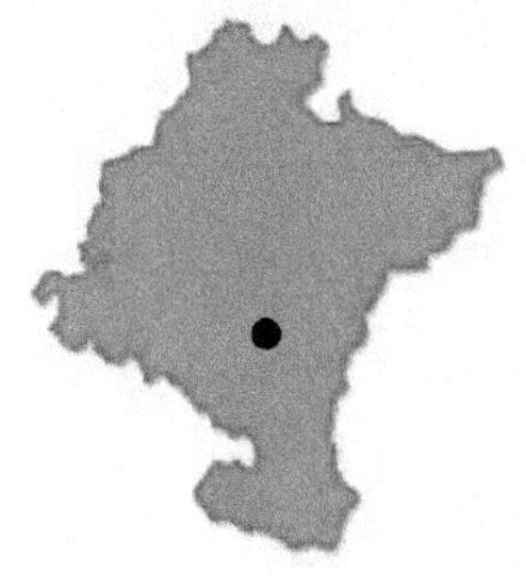

Olite se encuentra en la Zona Media, en un lugar estratégico de transición entre la Ribera y la Montaña navarra. Fue cabeza de una de las merindades en que estaba dividido el antiguo reino de Navarra. Está a 5 kilómetros de Tafalla y a 42 de Pamplona, cerca de la carretera Nacional 121 Pamplona-Tudela.

Es una de las localidades más monumentales de Navarra. Su castillo-palacio, mandado construir por el rey Carlos III el noble a comienzos del siglo XV es una de las grandes joyas medievales de Europa. Es fácil trasladarse a la Edad Media paseando por las calles de Olite al tiempo que admiramos enclaves singulares como la fachada de la iglesia gótica de Santa María la Real o la esbelta torre de la iglesia de San Pedro apostol.

Pero con un poco más de imaginación podemos retroceder aún más en el tiempo, hasta los orígenes de la ciudad.

La primera mención escrita de Olite la tenemos en la *Historia Regibus Gothorum* de San Isidoro. En ella, San Isidoro narra que la ciudad fue fundada por el rey godo Suintila dentro de un contexto de lucha contra los vascones. Esta fuente hizo creer durante mucho tiempo que la antigüedad de Olite se remontaba al año 621 d.C. Pero la existencia de la ciudad se remonta varios siglos atrás. Los hallazgos epigráficos, y, sobretodo, los restos del recinto fortificado romano, nos hablan de una ciudad tardorrepublicana o altoimperial, es decir, al menos con una antigüedad del siglo I d.C.

Ante el esplendor del castillo-palacio de los reyes de Navarra, pasa a menudo desapercibido para el visitante el recinto fortificado con las torres romanas que aún se conservan y que se completa con otras torres medievales fruto de la posterior ampliación del recinto urbano. La fortificación romana es el mejor recinto amurallado romano que se conserva en Navarra.

Fue en el año 1946 cuando los investigadores de la romanización en Navarra Blas Taracena y Luis Vázquez de Parga se dieron cuenta de la manufactura romana de varias de las torres.

Seguramente Olite fue un establecimiento militar romano que se encargaba de vigilar la calzada que unía *Caesaraugusta* (Zaragoza) con *Pompelo* (Pamplona). Era un *oppidum*, es decir, fortaleza amurallada construida en un alto, ya que la parte más antigua de Olite, la protegida por el recinto fortificado primitivo, se encuentra en un pequeño cerro. La muralla, que formaba un recinto de planta trapezoidal de 600 metros de perímetro, estaba reforzada con 20 torres que originariamente alcanzaban los 14 metros de altura. Todas las torres son cuadradas y estaban separadas por tramos de muralla de 30 metros. Hoy quedan 12 torres y algún fragmento de lienzo de muralla.

En el sector occidental del recinto amurallado, en la actual Rua Romana, se aprecian las mejor conservadas. Dos torres mantienen su estructura original desde su base hasta la altura de 3 metros. Es fácil distinguir la obra romana de la medieval. En el aparejo romano, los sillares son de considerable tamaño. En algún caso llegan a sobrepasar el metro de longitud.

Una de las torres romanas

Además buena parte de ellos son almohadillados. Precisamente este detalle llevó a datar la muralla con anterioridad al siglo II d.C. ya que este tipo de labra es habitual en las murallas imperiales y republicanas, no en las bajoimperiales. C. Jusué las data en el siglo I d.C por su forma de construcción, su aparejo y por la aparición de una moneda del emperador Trajano. M. Ramos relaciona la muralla con las Guerras Sertorianas, lo que llevaría la construcción a época tardorepublicana (s I a.C).

Otras torres romanas están integradas en casas modernas. En la entrada al Palacio Real se puede apreciar que la base del campanario de la iglesia de Santa María era una de las torres romanas. Otro vestigio romano es el

Palacio Viejo o de los Teobaldos, hoy convertido en Parador Nacional. Es una construcción rectangular con torres en las esquinas que es heredera del *praetorium* o vivienda del general o jefe del campamento militar romano. Posteriormente este edificio fue convertido en castillo-palacio por Sancho VII el Fuerte a comienzos del siglo XIII.

Palacio Viejo de Olite, antiguo praetorium

Dentro de la estructura urbanística de Olite han quedado muestras del trazado romano. El Cardo Máximo seguía la actual rúa de San Francisco, que atraviesa longitudinalmente el antiguo recinto romano. Las dos entradas principales de la ciudad romana son por las que hoy se entra al casco antiguo de Olite. La actual torre del reloj o del Chapitel, donde estaba una de las puertas de la ciudad romana, conserva en su parte baja paramentos de origen romano. El Decumano Máximo partía de la Placeta y atravesaba la segunda belena de San Francisco. Estas dos arterias establecían los ejes máximos del establecimiento romano, 155 metros de longitud del Cardo Máximo y 150 metros en el Decumano Máximo. En total el campamento militar tenía una superficie aproximada de 2 hectáreas.

Rua San Francisco, antiguo Cardo Máximo de la ciudad romana

En la Edad Media la ciudad creció y con ella su muralla. El amurallamiento medieval se distingue del romano por el uso de piedras de menor tamaño trabadas con argamasa. El recinto amurallado con la prolongación medieval duplicó la logitud de su perímetro, de 600 a 1.240 metros. En lo que eran fosos de defensa que rodeaban parte del recinto romano se construyeron las galerias subterráneas medievales que hoy se pueden visitar

Las fuentes escritas no han dejado huella de la antigua ciudad romana de Olite. No debió tener la importancia de Calahorra, Zaragoza o Pamplona. Pero ha quedado su impronta en el trazado urbano de la ciudad y en los restos de fortificaciones. Futuros hallazgos arqueológicos podrían dar más datos de esta ciudad romana de nombre desconocido, ya que el actual nombre de Olite proviene de *Oligicus*, la refundación de la ciudad por el rey godo Suintila.

¿Cómo llegar?

Olite está a 42 Km. de Pamplona, y a 5 Km. de Tafalla, junto a la N-121 Pamplona-Tudela. Las torres de la muralla mejor conservadas están en la Rua Romana.

VILLA ROMANA DE LIÉDENA

Ábside del oecus o salón principal de la villa

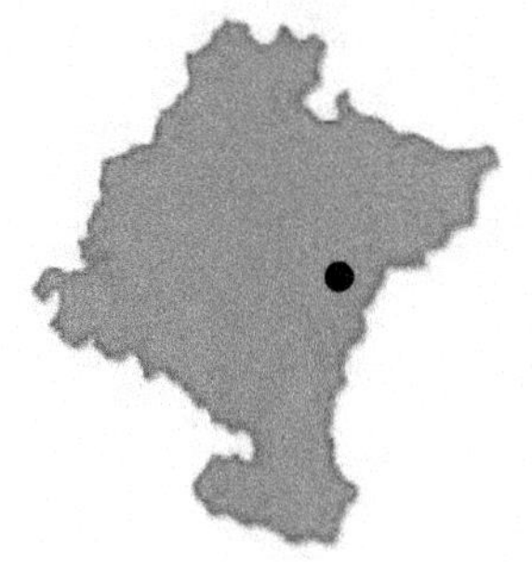

La villa romana de Liédena ocupa un lugar destacado dentro de la historiografía arqueológica. Fue la primera villa romana completamente excavada y publicada de España y referencia obligada de los estudios posteriores de otras villas y de la vida en el campo en tiempos romanos. Un vecino del pueblo descubrió parte de un mosaico al realizar labores agrícolas. Avisada la Comisión de Monumentos de Navarra ante tan improtante hallazgo, se sacó a la luz la totalidad del mosaico. Blas Taracena y Luis Vázquez de Parga excavaron el yacimiento arqueológico entre los años 1942 y 1947.

La villa de Liédena en realidad son dos villas superpuestas. La primera, que parece datar del siglo II d.C debió ser una villa rústica de propietario absentista que viviría en la ciudad y que sólo en contadas ocasiones visitaba sus tierras. De esta villa han quedado restos de muros de diversas habitaciones por debajo de la villa más moderna y, apartados del edificio principal, hacia el este, restos de unas termas.

Esta primera villa, la más antigua, fue destruida en el siglo III durante las invasiones que se dieron en los años 257 y 275 por tribus germánicas. Durante el siglo I, las legiones romanas habían mantenido a raya a los pueblos "bárbaros" en el limes del norte de Europa. En el 257 d.C. los alamanes y francos rompen la frontera y tras atravesar la Galia llegan a Hispania. Aunque los autores antiguos hacen mención de las devastaciones en Levante y en la Bética, sin duda también dejaron su estela de destrucción más hacia el interior. La villa antigua de Liédena es un ejemplo de esto. La destrucción ha quedado reflejada por las huellas de incendio que han aparecido en varias dependencias de la villa antigua.

Estas invasiones afectaron completamente la relación del campo y la ciudad en el siglo IV. La inseguridad hizo que las ciudades tendieran a ser abandonadas siendo ahora pequeñas y fortificadas. Los dominus, señores y nobles de la aristocracia local y romana, se retiran de la ciudad a sus posesiones en el campo y transforman sus villas rústicas, que eran hasta entonces meros centros de producción, en grandes mansiones lujosamente adornadas que van a ser ahora vivienda permanente. Al mismo tiempo se convierten en unidades de producción autosuficientes, donde el señor tiene plena autonomía, llegando a administrar justicia entre sus siervos y esclavos.

De este periodo es la segunda villa de Liédena, más grande y lujosa que la primera, ocupando una superficie aproximada de una hectárea. Utilizaron parte de las construcciones de la primera villa.

La villa del siglo IV se estructura alrededor del peristilo, patio porticado rodeado de galerías que estaban decoradas con suntuosos mosaicos. En vez de *impluvium* (estanque) para recoger el agua de los tejados, en el centro del peristilo hay un pozo. A las galerías comunicaban diversas dependencias. En la crujía oeste se encuentra el *oecus* o salón principal de la casa. Uno de los elementos que individualizan y dan importancia a este espacio es su terminación en ábside semicircular. Está descentrado respecto al eje del peristilo por el aprovechamiento de muros de la villa anterior. Al sur del peristilo se encuentra el *triclinium* o comedor. Al este se distribuían las habitaciones de los siervos. Al norte un espacio para almacenes. Seguramente era la bodega donde se almacenaba el vino por el abundante número de tinajas de barro que aparecieron en la excavación. De esta crujía norte destaca la dependencia más occidental. Fue reforzada con un muro de 70 cm. de espesor. Seguramente se convirtió en una torre defensiva.

Villa de Liédena. Vista general

Es una muestra de las obras de defensa que se pueden apreciar en muchas villas del Bajo Imperio para hacer frente a la inestabilidad del siglo IV, no sólo por las amenazas del otro lado de los Pirineos, sino por las bandas de bandidos que desde la cordillera realizaban sus expediciones de rapiña.

Más al sur del núcleo central de la casa, había un gran estanque de 27 metros de largo y más habitaciones, estas probablemente de los trabajadores agrícolas. Al oeste de este estanque se encontraban el lagar y el trujal de aceite junto a un patio que es por donde accedían los carros con la uva y las olivas para la extracción de vino y aceite.

Separado del cuerpo principal de la villa, al oeste de la misma están las termas, con su *frigidarium, tepidarium, caldarium* y el *praefurnium*, horno que calentaba el agua y las estancias.

La villa se amplía en la parte este con

Termas

un gran patio flanqueado al norte y al sur con dos hileras de habitaciones y cerrado al oeste por el edificio principal, donde habitaba el señor de la villa y al este por lo que parecen ser almacenes o cuadras. Las habitaciones son varias decenas y tienen parecidas dimensiones, unos 10 metros cuadrados. ¿Cuál era la función de este gran patio y el uso de las habitaciones? Pudieron ser el alojamiento de colonos o esclavos o depósitos o más almacenes, pero más sugerente es la interpretación que Blas Taracena dio a esta parte de la villa. En el siglo IV muchos grandes propietarios mantenían ejércitos privados. Prueba de ello nos han dejado las fuentes antiguas. Didimio y Veriniano mantuvieron a raya con sus tropas personales a los vándalos en los pasos de Roncesvalles. El señor de la villa de Liédena también pudo tener una milicia personal compuesta de colonos-soldados en esos momentos de inestabilidad política. La disposición ordenada de las habitaciones, de superficie similar y con un gran patio central recuerda una estructura de tipo castrense. Tiene similitudes, por ejemplo, con el cuartel de gladiadores de Pompeya. Las habitaciones serían el lugar de alojamiento de la tropa y el patio pudo ser utilizado para ejercicios y maniobras.

Hoy podemos apreciar los restos de los muros de las dependencias que conformaban la villa romana. Los mosaicos, fueron trasladados al Museo de Navarra, en Pamplona, donde están expuestos. Seguramente la entrada a la villa era por el lugar por el que se accede ahora, donde

Habitaciones del posible cuartel de la villa

Canalización

se ubica el aparcamiento. El yacimiento arqueológico se encuentra a cielo abierto y frente al impresionante tajo de la foz del Lumbier.

La villa de Liédena nos muestra todos los elementos que formaban una residencia señorial del Bajo Imperio: la p*ars urbana*, reservada al señor; la *pars rustica*, donde se alojaban los siervos y trabajadores y las dependencias para aperos; y la *pars fructuaria*, destinada a la transformación de los productos del campo. En sus extensas ruinas (78 x 168 metros) podemos recorrer su *peristilo*, el *triclinium* donde el señor celebraría sus banquetes, el oecus, la sala más noble de la casa y las dependencias ligadas a la explotación agrícola: almacenes, trujal, lagar, patios, cisternas, etc. La villa era autosuficiente y se mantenía de la explotación de cereales, vid y olivo con un señor, un *dominus* que controlaba todo y que se rodeó no solo de comodidades y lujos (mosaicos, termas) sino de un pequeño ejército privado para que lo protegiera.

¿Cómo llegar?

La villa de Liédena se encuentra junto a la autovía que une Pamplona con Sangüesa, a la altura del kilómetro 38. El acceso es libre. Paneles informativos permiten un cómodo e instructivo recorrido autoguiado.

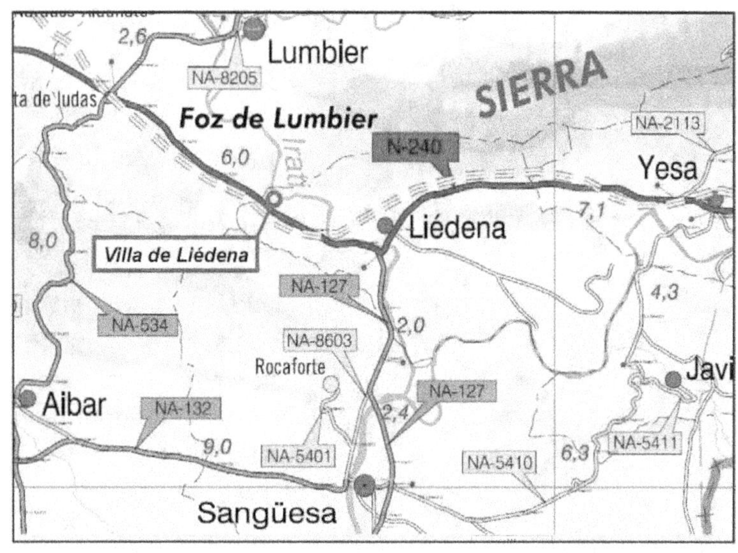

Geolocalización:
x 639269
y 4720424
mapa 1:25.000
174-II Lumbier

ViLLA DE LAS MUSAS

Villa de las Musas. Vista general

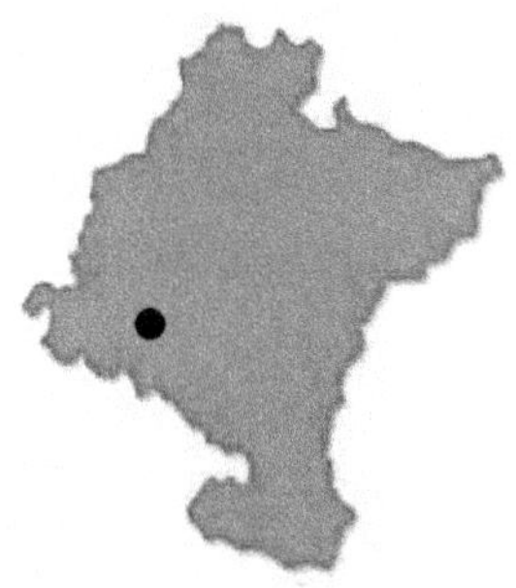

A 6,5 kilómetros al sur de Arellano se encuentra la Villa romana de Las Musas. Es bastante corriente que los yacimientos arqueológicos tomen el nombre de la localidad o municipio donde están ubicados. En este caso ocurre lo contrario. Se cree que la denominación de la localidad de Arellano proviene del nombre de un patricio romano llamado Aurelianus, que fue propietario de esta villa romana.

El yacimiento arqueológico es conocido como la villa de las Musas por el hallazgo a finales del siglo XIX, cuando se estaban haciendo labores agrícolas, del espectacular mosaico romano de Las Musas, donde se representan las nueve musas con sus maestros.

Las primeras excavaciones se practicaron en 1942.

Pero es a partir de 1985 y bajo la dirección de la arqueóloga María Ángeles Mezquíriz cuando se sacó a la luz la que es la villa romana más importante de Navarra.

La villa de las Musas fue puesta en valor con una excelente musealización y se abrió a la visita en 2008.

Está enclavada en una de las terrazas de la cuenca del río Ega. Para aprovechar las feraces tierras que la rodean se levantó aquí, en el siglo I d. C. una instalación industrial de más de 11.000 metros cuadrados. La principal actividad de la villa era la producción del vino. Se han conservado los restos de las instalaciones que se utilizaban en la transformación de la uva.

Tras la vendimia los racimos se llevaban a los *torcularium* (en la villa hay dos) donde se pisaban y prensaban. De aquí pasaba el mosto a los lagares donde permanecía una semana. Luego en grandes tinajas (*dolia*) se completaba la fermentación. En el *cortinale* se cocía, salaba y perfumaba el vino y en el *fumarium* se envejecía artificialmente aplicando calor y humo. Por último, en la *cella vinaria* o

Bodega romana

bodega se guardaba el vino en grandes *dolias* de 700 litros de capacidad. *Torcularium, cortinale, fumarium y cella vinaria* se han conservado hasta hoy y podemos imaginar el trasiego de los trabajadores de la villa, unos pisando la uva en los *torcularium*, otros alimentando el fuego en el *fumarium*, a aquellos almacenando el vino en las grandes *dolia* de la *cella vinaria*. Y al señor de la villa probando el resultado final con un catavinos como el que fue encontrado en la bodega.

La *cella vinaria* o bodega es una de las zonas más interesantes de la villa. En ella se encontraron 50 *dolias*, de las que 15 han quedado expuestas tras la musealización del yacimiento. La bodega tiene grandes dimensiones, 28,5 x 7,1 m. Se estima que aquí se podían almacenar entre 45.000 y 50.000 litros de vino. Otras joyas de la bodega fueron las dos rejas de ventana de hierro que se encontraron. Sólo se conocen seis ejemplares en Hispania. Pero lo que hace excepcional a la *cella vinaria* de la villa de Las Musas es el hallazgo de un *lararío* o altar doméstico. Está hecho en piedra y rematado por un templete sustentado por pequeñas columnas. Los romanos acostumbraban a realizar ceremonias religiosas dedicadas a los *Lares* o dioses protectores familiares. En estos ritos el jefe de la familia actuaba como sacerdote. Lo excepcional del *lara-*

Larario

rio de la villa de Las Musas es su ubicación en la bodega, lo que no es habitual en el mundo romano. Quizás el propiciar la ayuda de los dioses para la obtención de una producción abundante y de calidad tuvieron que ver con este hecho.

Pero los dioses familiares no fueron suficientes para evitar que la villa fuera arrasada a finales del siglo III d.C., coincidiendo con las incursiones de pueblos "bárbaros" de más allá de los Pirineos. Un gran incendio arrasó todas las edificaciones y durante tres décadas el lugar permaneció abandonado.

Y aquí aparece en escena el patricio romano, miembro de la aristocracia local (¿Aurelianus?), quien siguiendo la tendencia a abandonar las ciudades y convertir las posesiones de campo en residencias permanentes, reforma la villa con nuevas dependencias y la adorna con lujosos mosaicos y estucos. Pero no sólo eso. Llevado por su devoción a Cibeles, culto mistérico de origen oriental, da una nueva función religiosa a la villa.

De la villa tardoimperial podemos ver la entrada que lleva por un pasillo al *peristilo* o patio porticado de plan-

Patio con aljibe

ta cuadrada alrededor del cual se articulaban las estancias. Para el suministro de agua se construye un aljibe de 8x7 metros y con 3 metros de profundidad que recoge las aguas de lluvia. Lo más destacado es que este tipo de aljibes se da en zonas mediterráneas, siendo lo habitual los pozos en esta parte de la Península Ibérica.

Pero las habitaciones más ricas y lujosas de la casa son las tres que han llegado hasta nosotros decoradas con mosaicos. Un dormitorio, el *musaeum* o lugar destinado al estudio y el *oecus* o salón principal.

El dormitorio está decorado con un mosaico alusivo al nacimiento de Attis.

En el *musaeum* es donde apareció el famoso mosaico de Las Musas. Aunque el original está en el Museo Arqueológico Nacional de Madrid, podemos apreciar una fiel reproducción en su ubicación original. Tiene forma octogonal que curiosamente se divide en nueve compartimentos donde se representan las musas con sus maestros. Las musas eran hijas de Zeus. Presidían las Artes y las Ciencias. Poetas, filósofos y músicos creían recibir su inspiracion de ellas. En el mosaico aparecen representadas Clío (Historia), Euterpe (Poesía lírica), Calíope (Poesia épica), Erato (Poesía amorosa), Polimnia (Poesía sagrada), Melpómene (Tragedia), Talía (Comedia), Terpsícore (Música y Danza) y Urania (Astronomía).

El *oecus* era el lugar más importante de la casa, donde se hacían las recepciones y banquetes. Está formado por un espacio rectangular y una gran exedra. El suelo está adornado por una gran mosaico de 94 metros cuadrados y más de un millón de teselas conservado in situ. En él se representan dos escenas relacionadas con el culto a Attis-Cibeles: la Despedida y los Esponsales de Attis. En la primera Attis parte de cacería ante la mirada de Cibeles que permanece sentada en un trono. En la segunda Attis contrae matrimonio con la hija del rey Pesinonte.

Los mosaicos de la villa de Las musas son de influencia oriental y con un programa iconográfico determinado: el mito Cibeles-Attis. Es un culto de origen oriental que contaba con muchos adeptos en el Imperio romano desde el siglo III d.C. Según Ovidio, Cibeles se había enamorado de Attis, joven de gran belleza. La diosa le hizo jurar que no amaría jamás a otra mujer. Pero Attis traicionó a Cibeles con una ninfa. Cibeles mató a la ninfa y Attis, enloquecido, se cortó los genitales.

Mosaico del Oecus

Fuera del recinto principal de la villa se encuentra un edificio singular relacionado con este culto. Es el *taurabolium*, donde se celebraban ritos sagrados dedicados a Cibeles. Es un edificio porticado de planta rectangular de 377 metros cuadrados. En el centro del patio se halló un altar con dos aras de 60 cm. de alto en las que están esculpidas cabezas de toro. Las aras originales se conservan hoy dentro del recinto de la villa para asegurar su mejor conservación. En este lugar sagrado se realizaron ritos iniciáticos. El poeta calagurritano Prudencio es el que mejor nos ha transmitido estas prácticas. Se sacrificaba un toro a modo de bautismo de sangre purificador por el cual el tauroboliado era admitido entre los adoradores de Cibeles. Luego se realizaban augurios con las vísceras del toro. Por último se celebraba el banquete con la carne del animal sacrificado. El toro ofrecido a la diosa en holocausto y consumido ritualmente, transmitía su poder y fuerza a los fieles.

Taurabolium y ara con representación de toro

Relacionado con el taurobolium hay otro edificio aislado al sur de las estancias de la villa. Es el establo, donde se estabulaban los animales destinados al sacrificio.

La villa de las Musas de Arellano muestra que los cultos paganos subsistieron sobre todo en

las zonas rurales en tiempos en que el cristianismo ya se había convertido en la religión del Imperio.

La villa se abandonó a comienzos del siglo V d.C.

Hoy podemos visitar cómodamente la villa romana que es un ejemplo de musealización de un yacimiento arqueológico. Pasarelas elevadas lo recorren sin dañar las estructuras. Paneles informativos detallan cada espacio. Incluso se ha utilizado grava de dos colores para las diferentes etapas constructivas, gris para las de los siglos I a III d.C. y rosa para las de los siglos IV y V d.C.

Fuera del recinto principal todavía podemos recorrer el taurobolium como lo harían los procesionantes que hace muchos siglos adoraban a Cibeles, también conocida como la Magna Mater o Madre de los Dioses.

¿Cómo llegar?

La villa romana de las Musas de Arellano se encuentra en la carretera Allo – Arroniz (NA-6340). Entre los kilómetros 19 y 20 se encuentra el desvío señalizado que lleva al yacimiento.
Horario:
Viernes y sábados: 10:00 a 14:00 y de 15:00 a 18:00
Domingos: 10:00 a 14:00

Abierto todos los días para grupos con cita previa.

Geolocalización:
x 576153
y 4711756
mapa 1:25.000
172-III Azcona

VILLA DE SAN ESTEBAN

Vista general

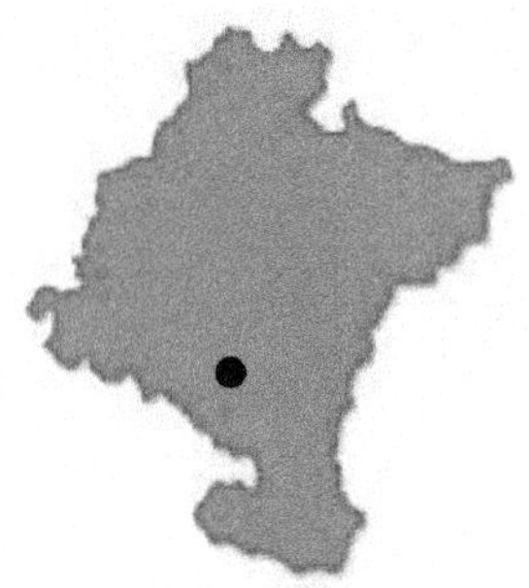

La villa romana de San Esteban de Falces es un ejemplo del poblamiento rural en Navarra en los primeros siglos de nuestra era. Su excavación comenzó en 1969. Varias campañas en la década de los 70 completaron la investigación del yacimiento.

Se encuentra junto a la carretera que une Falces y Lerín. Desgraciadamente, la construcción de esta carretera destruyó parte del yacimiento.

La villa está estategicamente situada. Se asienta en una terraza del Arga, a 20 metros sobre el río, dominando un amplísimo panorama que incluye las tierras que eran explotadas por la villa. Los cultivos principales eran cereales y vid. También trabajaron el olivo, frutales y productos de huerta. Se encuentra a 430 metros de altura sobre el nivel del mar.

El cierre de la villa por el lado oeste lo constituye un muro de contención muy bien conservado. Protege a la villa de corrimientos de tierras y de los efectos de las lluvias torrenciales. Perpendicularmente a este muro de contención parten otros muros que forman habitaciones o compartimentos cuya función era almacenar los diferentes productos agrícolas.

Adosado al gran muro de contención se encontró un lagar fabricado de fuerte argamasa romana, de 3,88 por 1,90 de más de un metro de profundidad

Lagar de la villa de San Esteban de Falces

Junto al lagar aparece una plataforma que era el lugar destinado al pisado de la uva (*torcularium*). Comunica por un canal con el lagar.

Se encontró también una pequeña bodega, hoy desaparecida, excavada en la roca virgen. Tenía 1,60 metros de profundidad. Las paredes de la bodega presentaban 3 grandes nichos para albergar *dolias*, grandes recipientes para almacenar el vino. Una apareció prácticamente completa. Las otras dos se pudieron recomponer pues se encontraron todos los pedazos.

La cerámica aparecida en el yacimiento permitió datarlo. La primera ocupación se estima en el siglo I d. C. La villa se abandonó en el siglo V d.C.

Las habitaciones se abren a un corredor porticado del que quedan los sillares para el apoyo de las columnas.

Entre los materiales encontrados apareció cerámica romana y celtibérica. Destacan también algunas monedas romanas del s. IV d.C.

Esta villa es un ejemplo de la rápida romanización del valle del Ebro en tierras navarras. Este proceso de romanización comienza en el s. II a.C. Entre las prioridades de los recién llegados estaba la de obtener provecho de las feraces tierras del Ebro y de los valles del Ega, Arga y Aragón.

El siglo II es una época de auge de las construcciones campesinas. Tras las invasiones bárbaras de contingentes franco-alemanes que se produjeron entre el 260 y 275, entrados ya en el Bajo Imperio Romano, las explotaciones rurales experimentan un gran apogeo, ya que se produce un progresivo abandono de las ciudades. Esto ocasiona un cambio esencial en el mundo campesino. Grandes villas regidas por nobles señores aparecen dominando la producción agrícola. Las invasiones bárbaras del siglo III destruyeron muchas de las villas, y así parece que sucedió con la de Falces. En algunos niveles se aprecian restos de cenizas que son huella de destrucción e incendio. Pero estas villas destruidas se reconstruyeron posteriormente con el auge de la vida rural en el Bajo Imperio. En la villa de Falces prácticamente todas las estructuras conservadas corresponden a este último periodo.

La villa romana de Falces se puede adscribir al tipo llamado de *"peristilo"*. Cuatro alas se disponían en torno a un amplio patio central. El ala oeste es la mejor conservada, la que se encuentra junto al muro de contención. En esta parte se llevaba a cabo la elaboración del vino, con el pisado de la uva y el almacenamiento del vino. En las habitaciones adosadas al muro de contención además se guardaban los otros productos agrícolas producidos.

Del ala sur se conservan varias habitaciones que estaban enlosadas con lajas de piedra. Desgraciadamente, la parte este y sur se ha perdido. La construcción de una antigua ermita, hoy también desaparecida, una cantera de grava y la construcción de la carretera afectaron al yacimiento. Se encontraron teselas, lo que es prueba de la existencia de mosaicos que se han perdido. Esta parte debía de ser la zona de la vivienda el dueño de la villa, donde estaban las estancias más lujosas.

Vista de la villa desde el sur

La situación de la villa cumple los preceptos de los agrónomos romanos, con tierra fértil y agua en abundancia. Además para disfrute del dueño y del visitante también la villa ofrecía amplias panorámicas sobre su entorno. Estas panorámicas son uno de los atractivos que esta villa romana ofrece hoy al visitante que se acerque a verla.

¿Cómo llegar?

La villa de San Esteban se encuentra en el municipio de Falces. Está junto a la NA-6210. Saliendo de Falces en dirección a Lerín, a un kilómetro del centro de Falces, sale a la izquierda la carretera que lleva a la basílica del Salvador. Junto a este desvío está la villa romana. El yacimiento arqueológico está abierto y la entrada es libre y gratuita.

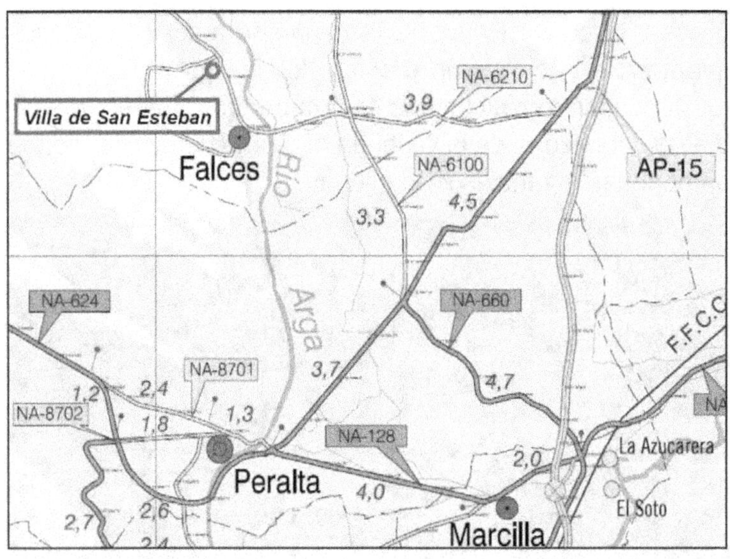

Geolocalización:
x 598805
y 4694989
mapa 1:25.000
206-III Peralta

BODEGA ROMANA DE FUNES

Vista general

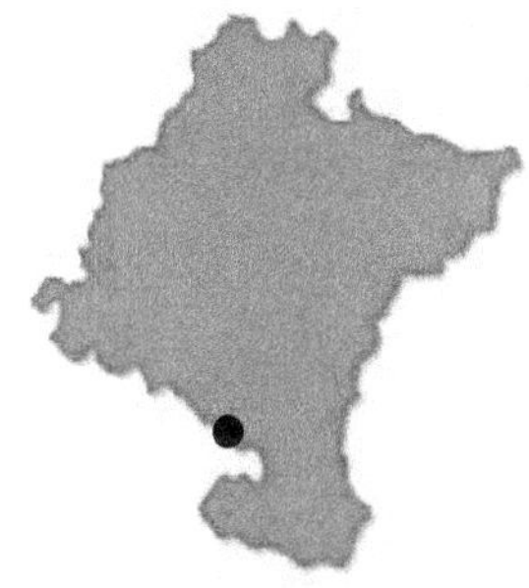

La bodega romana de Funes se encuentra junto al río Ebro, curso fluvial que fue vía de civilización desde los tiempos más remotos. Cientos de yacimientos arqueológicos nos muestran como la cuenca hidrográfica más extensa de la Península Ibérica fue densamente poblada desde hace miles de años.

Las tierras que riega el Ebro son tierras excelentes para el cultivo de la trilogía mediterránea (trigo, vid y olivo). La bodega romana de Funes es un ejemplo de cómo en los primeros siglos de nuestra era los romanos supieron aprovechar esta riqueza agrícola con criterios industriales.

El vino era un elemento fundamental en la dieta hace 2.000 años. La fama de los caldos hispanos llegaba a Italia, donde eran exportados. Plinio el Viejo llegó a alabar las propiedades de los vinos de Hispania. Del proceso de elaboración del vino han quedado huellas en otras villas excavadas en Navarra, como Arellano, Liédena o Falces.

La bodega de Funes también debió pertenecer a una villa romana, pero el número y capacidad de sus cuatro lagares podría indicar que nos encontramos ante la mayor instalación romana dedicada a la elaboración del vino en Navarra.

Lagares

El yacimiento fue descubierto por Uranga y Maluquer de Motes y excavado por Jorge de Navascués en 1959. Cuando se descubrió era la bodega romana más importante de España.

En la visita al yacimiento podemos observar cuatro lagares y junto a ellos los trujales, que son las plataformas donde era prensada la uva para obtener el mosto que se vertía en los lagares. Los lagares se construían excavando el terreno y aplicando una capa de mortero mediante encofrado. Se impermeabilizaban con ladrillo picado, piedra machacada y argamasa. En algunos de los lagares todavía se pueden apreciar las marcas de los tablones del encofrado.

La bodega de Funes no sólo es el yacimiento donde se han encontrado mayor número de lagares, sino que la construcción de los mismos es más cuidada. El más grande mide 5,80 m. de largo, 2,00 m. de ancho y 1,45 m. de

Otro de los lagares

profundidad. Al fondo de los lagares se observa el baquetón o bocel, resalte con forma de cuarto de cilindro cuya función era la de facilitar la limpieza de los depósitos.

Es posible que esta villa fuera un establecimiento dedicado exclusivamente a la elaboración de vino, no sólo para consumo propio, sino para su comercio.

Entre los materiales encontrados destacan dos monedas de oro, una de tiempos de Domiciano (siglo I d.C.) y otra de Adriano (siglo II d.C.) que ayudan a datar el yacimiento. Además aparecieron numerosos fragmentos de *dolia*, los recipientes donde se almacenaba el vino.

Hoy, como entonces, el vino es uno de los productos más apreciados de Navarra. A lo largo de su geografía podemos ver decenas de bodegas que elaboran excelentes caldos para nuestras mesas. La bodega romana de Funes es la muestra de una tradición milenaria en estas tierras y mantenida hasta el presente.

¿Cómo llegar?

La bodega romana de Funes se encuentra junto a la N-115, entre Funes y Rincón de Soto, a la altura del kilómetro 35,600. Está en el límite de las comunidades de Navarra y La Rioja y a pocos centenares de metros del Ebro y justo antes del puente que lo cruza. El sendero de gran recorrido GR 99 Camino del Ebro, pasa junto al yacimiento. La bodega romana puede visitarse a cualquier hora y la entrada es libre y gratuita.

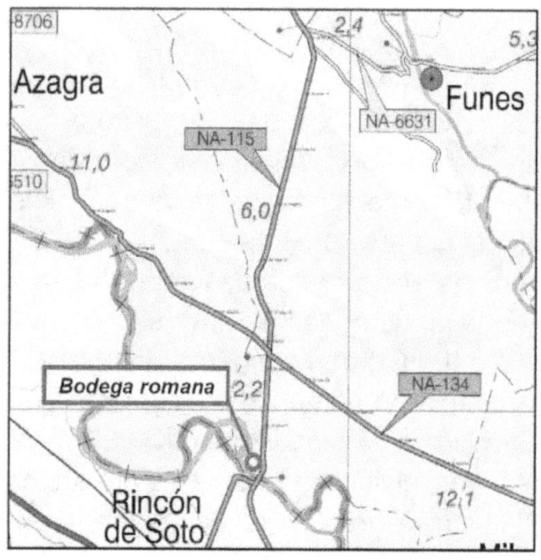

Geolocalización:
x 596058
y 4678744
mapa 1:25.000
206-I Marcilla

ACUEDUCTO DE LODOSA

Acueducto romano de Lodosa

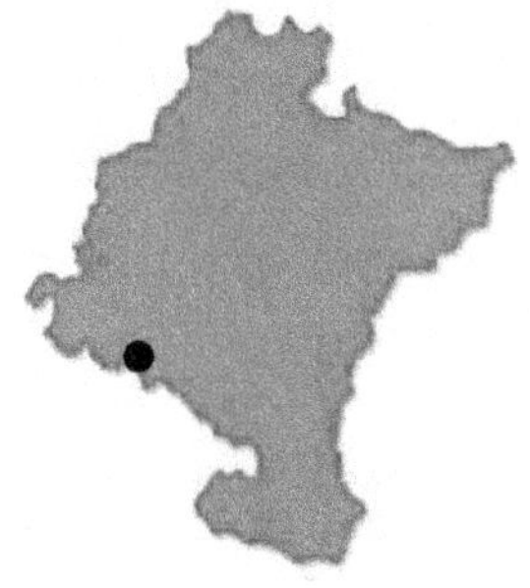

El acueducto Alcanadre - Lodosa, también conocido en la zona como *"Puente de los Moros"*, es uno de los legados arqueológicos mas importantes que dejaron los romanos en Navarra. Está declarado Monumento Histórico-Artístico.

En 1977 y 1978 se realizaron excavaciones para ampliar los conocimientos sobre el monumento, lo que ayudó a conocer su estructura original.

Destacan las dimensiones de los pilares, que en la mayoría de los acueductos conocidos son más estilizados. Ello se debe a que tenía que salvar el cauce del Ebro y los pilares debían soportar la fuerte corriente y las grandes crecidas del río. También es inusual la anchura del acueducto, lo que hace pensar en la posibilidad de que fue-

Restos de los pilares del acueducto

ra utilizado como puente para atravesar el Ebro. De hecho, la leyenda cuenta que por el pasaron los santos mártires Emeterio y Celedonio cuando eran llevados presos a la ciudad de Calahorra. Allí fueron martirizados en el año 300.

La canalización tenía 108 arcos, de los que actualmente quedan trece. La dimensión de las arcadas es de 4,80 metros de luz. Los pilares tienen 1,10 metros de ancho. El ancho del canal del acueducto es de 1,5 metros. El tipo de construcción se compone de un revestimiento de sillarejo que forma la caja con una fábrica interna compuesta por un aglomerado de mortero y cal.

Junto al área de descanso que se encuentra junto a la carretera que une Lodosa y Mendavia, la canalización romana continúa encajada en el terreno y a cielo abierto un centenar de metros. Alcanza los dos metros de profundidad y una anchura media entre 2 y 2,5 metros. En esta parte podemos ver un aliviadero para regular el caudal del agua.

Canalización a cielo abierto

La canalización empezaba en la Sierra de Codés, donde nacen dos ríos, el Linares y el Odrón. El destino era abastecer la ciudad romana de

Calagurrís (la actural Calahorra), que era una de las ciudades romanas más importantes del norte de la Península Ibérica. Actualmente existe una canalización para riego a partir de la presa moderna que está en la unión de los dos ríos. Atraviesa todo el término de Mendavia y llega hasta Lodosa, siguiendo una trayectoria semejante a la que debió seguir el canal romano. La longitud total de la canalización romana, desde la presa hasta Calahorra, era de unos 30 kilómetros. De esta gran obra romana destacan los restos del acueducto, que sigue todavía en pie junto al Ebro.

Arcos del acueducto de Lodosa

Dada la capacidad de canalización de la obra, parte del agua se usaría para fines agrícolas a lo largo de su trayecto. Las dimensiones del canal son realmente extraordinarias incluso para el abastecimiento de agua de una ciudad antigua. Es atractiva la hipótesis ya elaborada por el padre Moret del empleo de parte del agua para *Naumaquias*, batallas navales simuladas que se celebrabarían en el circo romano de *Calagurris*. Indicios de ello son los restos del acueducto que hoy se encuentran a la entrada de Calahorra, en la carretera de Arnedo, junto con el hallazgo de conductos de plomo por donde se llevaba el agua al circo.

Respecto a su cronología, por su similitud con otros acueductos conservados, parece que fue construido en el siglo II de nuestra era, en tiempos de los emperadores Trajano y Adriano, ambos de origen hispano.

Cerca del acueducto pasa el GR 99, Camino Natural del Ebro. Podemos acercarnos también al acueducto desde Lodosa a pie siguiendo este sendero en un cómodo paseo de 2,5 kilómetros siguiendo la ribera del río.

¿Cómo llegar?

El acueducto romano está entre Lodosa y Mendavia junto a la NA- 134. A algo mas de dos kilómetros de Lodosa, entre los kilómetros 70 y 71, entre la carretera y el rio Ebro, justo en el límite de Navarra y la Rioja. Allí hay un aparcamiento donde puede dejarse el coche.

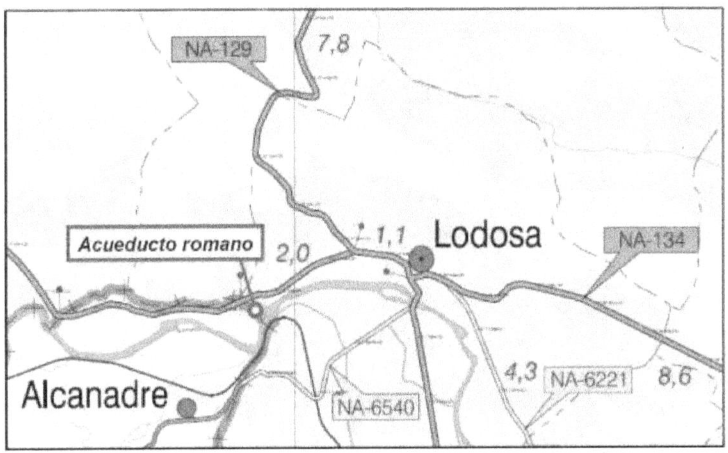

MUSEO DE NAVARRA

Detalle de la fachada del Museo de Navarra

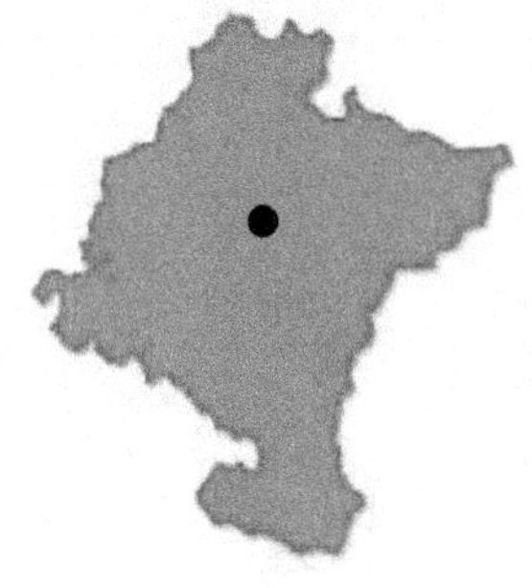

El Museo de Navarra expone desde 1956 importantes colecciones de arte. En 1990 fue reinaugurado por la reina Doña Sofía tras una remodelación que lo ha convertido en uno de los mejores museos del norte de España. Aquí están los capiteles románicos de la catedral de Pamplona, considerados de los mejores de Europa; la magnífica arqueta de Leire de 1000 años de antigüedad; una de las mejores colecciones de frescos góticos; el retrato del marqués de San Adrián de Goya y otras muchas piezas de interés.

En sus secciones de Prehistoria y Roma podemos ver algunas de las piezas más importantes que las excavaciones arqueológicas han sacado a la luz en territorio navarro. Muchas de ellas proceden de los enclaves arqueológicos que se han comentado en estas páginas. De esta manera, el Museo de Navarra, con su importante colección de piezas arqueológicas, se convierte en el complemento perfecto a las rutas arqueológicas detalladas en este libro.

La sala de Prehistoria se encuentra en el sótano del museo. En su entrada nos recibe el Guerrero de Turbil, la estatua de bulto redondo más antigua de Navarra. Se encontró en el castro de Turbil, poblado de la Edad del Hierro que está en las cercanías de Beire, en la Zona Media de Navarra.

En el centro de la sala de Prehistoria se expone el mosaico romano de Dulcitius de la Villa de Ramalete (Tudela). De este mosaico se ha dicho que es uno de los mejores que ha dado Hispania en el Bajo Imperio. En el centro del mosaico está representado el que seguramente fue el señor de la villa (Dulcitius) en una escena de caza.

Alrededor del mosaico romano se disponen las vitrinas que contienen restos que abarcan desde el Paleolítico hasta la Edad

Guerrero de Turbil

del Hierro. Entre las piezas expuestas, destaca el mapa prehistórico de la cueva de Abauntz, que es el mapa más antiguo de Europa occidental y que ya ha sido comentado en el capítulo dedicado a la cueva de Abauntz.

Otras piezas destacables en la sala de Prehistoria son:

- La cabeza de caballo grabada en otro de los cantos hallados en la cueva de Abauntz.

- Los bifaces y núcleos encontrados en Galar, que son las herramientas humanas más antiguas halladas en Navarra con más de 300.000 años de antiguedad.

- El esqueleto humano completo más antiguo de Navarra. Es de una mujer y fue encontrado en las cercanías de Aribe, en la cueva de Aizpea, en el valle de Aezkoa.

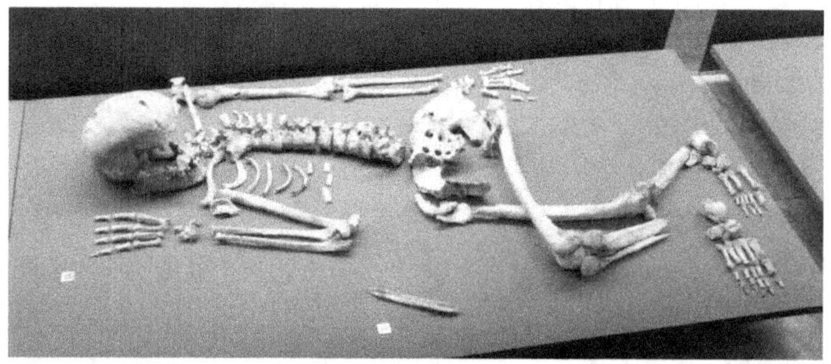

Esqueleto femenino de la cueva de Aizpea

- Los restos humanos del hipogeo de Longar, con puntas de flecha clavadas en los huesos. Son una de las pruebas más antiguas de conflictos bélicos en la Prehistoria.

- El cráneo de la cueva de los hombres verdes. Es un cráneo tintado de verde al haber sido utilizada la cueva de enterramiento donde se encontró como mina de donde se extraía el cobre en la Prehistoria. Los restos de cobre acabaron por tintar los esqueletos.

- La copa ritual del poblado del Alto de Cortes. Su tipología original la

Copa ritual

aleja de usos cotidianos y la pone en relación con prácticas religiosas que se celebraban hace más de 2.000 años en la Ribera del Ebro. Es una de las piezas de cerámica más importantes de la Edad del Hierro en la península Ibérica por su rareza.

En las salas dedicadas a Roma están expuestos muchos de los mosaicos que se encontraron en villas y ciudades romanas de la Comunidad Foral. Destaca la colección de mosaicos de las villas de Liédena y de Ramalete. Muy interesante es el mosaico con grafía ibera que está expuesto en la primera sala. Se encontró en la ciudad de Andelos. En esta misma sala está el mosaico del Triunfo de Baco, también encontrado en Andelos. Es una de las piezas más importantes del museo. Está fechado en los siglos I-II d.C. En él está representado el dios Baco sobre un carro tirado por tigres que son guiados por Pan, de cuerpo humano, cabeza cornuda y patas de cabra.

Mosaico de Teseo

Otro mosaico importante es el Mosaico de Teseo, donde aparece el héroe luchando con el minotauro. Fue encontrado en Pamplona.

El museo tiene una importante colección de estelas funerarias romanas. La estela de Carcastillo está dedicada a un ciudadano de la ciudad romana de Cara, Porcius Felix. Tiene más de dos metros de altura y la decoran rosetas y crecientes lunares.

En el recorrido también podemos ver miliarios romanos que señalizaban las diferentes calzadas y aras votivas donde se realizaban las ofrendas a los dioses. De la ciudad romana de Cara se exponen tres capiteles. Dos de ellos de hermosa factura y uno de ellos sin acabar, lo que indica la existencia de un taller de cantería en la ciudad.

También de Santacara está expuesto el retrato de mármol que hasta el momento es la muestra de escultura romana más importante de las encontradas en Navarra. En la misma vitrina está la placa de bronce con inscripción dedicada al dios Apolo. Encontrada en Andelos por un excavador clandestino fue posteriormente reclamada y recupergada por el Gobierno de Navarra.

Placa dedicada a Apolo

Pesa casi nueve kilos y mide 64 x 46 cm.

También hay que destacar la excelente colección de vidrios romanos encontrados en Iturissa, yacimiento arqueológico que se encuentra en las cercanías de Burguete.

En la última sala de Roma se encuentra el mosaico tardorromano donde se representan las murallas que debieron rodear en aquel entonces la ciudad de Pompelo y el basamento de dos estatuas de bronce que se encontró en la ciudad romana de Cara.

¿Cómo llegar?

El museo está ubicado en la Cuesta de Santo Domingo, en pleno casco histórico de Pamplona. Ocupa el edificio del antiguo hospital de Nuestra Señora de la Misericordia, del siglo XVI, del que conserva la fachada y una capilla.

Horario: Laborables, de 9.30 a 14 y de 17 a 19 h. Festivos, de 11 a 14 h. Lunes, cerrado

Tarifas: Entrada normal: 2 €

Reducida: 1 € (con carnet joven, carnet de estudiante y grupos culturales)

Gratuita: sábados tarde y domingos. Menores de 18 años, mayores de 65, jubilados, parados, amigos del Museo y miembros del ICOM.

Julio Asunción

Historiador, guía turístico y montañero. Autor de "8 planes originales para conocer Navarra" y colaborador de la revista "Conocer Navarra". Autor de varios blogs de arqueología, senderismo e interpretación del patrimonio. Gran conocedor de Navarra con más de 300 rutas senderistas publicadas en la red que suman más de 2000 kilómetros de recorridos.

Rutas arqueológicas en Navarra:
http://arqueologianavarra.blogspot.com
Rutas arqueológicas en Alicante:
http://arqueologiaalicante.blogspot.com
Interpretación artística y monumental:
http://arte-historia-curiosidades.blogspot.com
Senderismo en Navarra:
http;//senderismonavarra.blogspot.com

BIBLIOGRAFÍA

- *Prehistoria de Navarra.* Ignacio Barandiarán, Enrique Vallespí. Gobierno de Navarra. Pamplona, 1.980.
- *Navarra, historia.* Fermín Miranda García. Gobierno de Navarra. Pamplona, 2.002.
- *Historia de Navarra. Colección temas de Navarra. Tomo I.* Luis Javier Fortún Pérez de Ciriza, Carmen Jusué Simonena. Gobierno de Navarra. Pamplona 1.993
- *Historia ilustrada de Navarra. Tomo I.* Juan Carrasco Pérez (coordinador). Ignacio Barandiaran Maestu, Juan José Sayas Abengoechea, M. Angles Mezquiriz Irujo. Diario de Navarra. Pamplona, 1.993
- *Historia breve de Navarra.* Jesús María Usunáriz Garayoa. Madrid : Sílex, 2006.
- *Historia general de Navarra: desde los orígenes hasta nuestros días.*Jaime Ignacio del Burgo. Madrid : Rialp, D.L. 1992.
- *Navarra en la Antigüedad. Propuesta de actualización.* Varios autores.Gobierno de Navarra. Pamplona, 2.006.
- *Museo de Navarra.* Mª Angeles Mezquíriz, Ignacio Barandiarán y otros.Gobierno de Navarra. Pamplona, 1.989.
- *Las cuevas de Berroberría y Alkerdi (Urdax): Informe al final de la campaña de 1994.* Ignacio Barandiarán Maestu. Trabajos de arqueología Navarra, Nº 12, 1995-96, pags. 263-269
- *El Gravetiense de la cueva de Alkerdi (Urdax, Navarra): análisis y contexto de su industria lítica.* Ana Cava Almuzara, Irantzu Elorrieta, Ignacio Barandiarán Maestu. Munibe Antropologia - Arkeologia, Nº 60, 2009, pags. 51-80
- *Arte paleolítico en Navarra: las cuevas de Urdax.* Ignacio Barandiarán Maestu. Príncipe de Viana, Año nº 35, Nº 134-135, 1974 , pags. 9-48
- *Revisión estratigráfica de Berroberria: Datos en 1990.* Ignacio Barandiarán Maestu. Veleia: Revista de prehistoria, historia antigua, arqueología y filología clásicas, Nº 7, 1990, pags. 7-34
- *Excavaciones en el covacho de Berroberría (Urdax): campaña de 1977.*Ignacio Barandiarán Maestu. Trabajos de arqueología Navarra, Nº 1, 1979, pags. 11-60
- *Cueva de Berroberría (Urdax): informe de las campañas de excavación V (1990), VI (1991), VII (1992) y VIII (1993).* Ignacio Barandiarán Maestu. Trabajos de arqueología Navarra, Nº 11,

1993-1994, pags. 243-247
- *Excavaciones en la cueva de Abauntz (Arraiz): campaña de 1978*. María del Pilar Utrilla Miranda. Trabajos de arqueología Navarra, Nº 1, 1979, pags. 73-76
- *Arte mueble sobre soporte lítico de la cueva de Abauntz. Su aportación a los estilos del Magdaleniense tardío*. María del Pilar Utrilla Miranda, Carlos Mazo Pérez. Complutum, Nº Extra 6, 1, 1996 (Ejemplar dedicado a: Homenaje al profesor Manuel Fernández-Miranda / coord. por María Angeles Querol Fernández, María Teresa Chapa Brunet), ISBN 84-7491-566-X, pags. 41-62
- *La Cueva de Abauntz, en Arrainz (Navarra)*. María del Pilar Utrilla Miranda. Crónica del XIV Congreso Arqueológico Nacional, 1977, pags. 355-366
- *Arquezoología de los niveles paleolíticos de la Cueva de Abauntz (Arraiz Navarra)*. Koro Mariezkurrena, Mikelo Elorza, Jesús Altuna Etxabe. Salduie: Estudios de prehistoria y arqueología, Nº. 2, 2001 2002, pags. 1-26
- *Excavaciones en la cueva de Abauntz (Arraiz): campaña de 1977*. María del Pilar Utrilla Miranda. Trabajos de arqueología Navarra, Nº 1, 1979, pags. 61-71
- *El yacimiento de las cueva de Abauntz (Arraiz, Navarra)*. María del Pilar Utrilla Miranda. Trabajos de arqueología Navarra, Nº 2, 1982, pags. 203-345
- *Abauntz: análisis polínico*. Pilar López. Trabajos de arqueología Navarra, Nº 2, 1982, pags. 355-358
- *Restos óseos del yacimiento prehistórico de Abauntz (Arraiz, Navarra)*.Koro Mariezkurrena, Jesús Altuna Etxabe. Trabajos de arqueología Navarra, Nº 2, 1982, pags. 347-353
- *Informe preliminar sobre la actuación de urgencia de 1991 en la cueva de Abauntz*. María del Pilar Utrilla Miranda, Carlos Mazo Pérez. Trabajos de arqueología Navarra, Nº 11, 1993 1994, pags. 9-29
- *Ríos, montañas y charcas: una representación de paisaje en el bloque 1 de la cueva de Abauntz*. María del Pilar Utrilla Miranda, C. Mazo, María Cruz Sopena Vicién, R. Domingo, Manuel Martínez Bea. Veleia: Revista de prehistoria, historia antigua, arqueología y filología clásicas, Nº 24-25, 1, 2007 2008 (Ejemplar dedicado a: Homenaje a Ignacio Barandiarán Maestu / coord. por Javier Fernández Eraso, Juan Santos Yanguas; Ignacio

Barandiarán Maestu (hom.)), pags. 229-260
- *Excavaciones en la cueva de Abauntz (Arraiz): Campañas de 1994 y 1995.* María del Pilar Utrilla Miranda, Carlos Mazo Pérez. Trabajos de arqueología Navarra, Nº 12, 1995 96, pags. 270-279
- *Cueva de Zatoya (Abaurrea Alta, Navarra): Informe preliminar de la IV campaña de excavaciones.* Ana Cava Almuzara, Ignacio Barandiarán Maestu. Trabajos de arqueología Navarra, Nº 13, 1997-98, pags. 331-342
- *Datación del C14 de la cueva de Zatoya.* Ignacio Barandiarán Maestu
Trabajos de arqueología Navarra, Nº 2, 1982, pags. 43-57
- *El Paleolítico superior de la cueva de Zatoya (Navarra): actualización de los datos en 1997.* Ana Cava Almuzara, Ignacio Barandiarán Maestu.Trabajos de arqueología Navarra, Nº 15, 2001, pags. 5-100
- *El proceso de transición Epipaleolítico-Neolítico en la cueva de Zatoya* Ignacio Barandiarán Maestu.Príncipe de Viana, Año nº 38, Nº 146-147, 1977, pags. 5-47
- *Catálogo de Monumentos Megalíticos en Navarra.* Iñaki Gaztelu, Manolo Tamayo Cervigón, Goyo Mercader Mendiburu, Iñigo Txintxurreta Díaz, Alfonso Martínez Manteca, Luis Millán San Emeterio, Balere Barrero. Cuadernos de arqueología de la Universidad de Navarra, Nº 13, 2005, pags. 11-86
- *Catálogo megalítico del valle de Baztán.* Iosu Cabodevilla, Mª Itziar Zabalza Aldave. Gobierno de Navarra. 2006.
- *El megalitismo en Navarra: los dólmenes de Artajona.* Javier Armendáriz Martija. Revista de arqueología, Año nº 20, Nº 218, 1999, pags. 24-37
- *Ruta de la prehistoria por el Pirineo Navarro. Estaciones megalíticas de Azpegi y Sorogain.* Madoz M., Juampérez M. , Arbilla J. Consorcio turístico del Pirineo Navarro. Pamplona 2002-2003
- *Estudio de los Menhires de Euskal Herria.* Xabier Peñalver. Munibe, nº 35, páginas 355-450. 1983. San Sebastían.
- *Acerca del megalitismo en Navarra: el inicio de un proyecto de investigación.* Jesús Sesma Sesma, Jesús García Gazólaz, María Luisa García García, María Amor Beguiristain Gúrpide, María Teresa Andrés Rupérez, David Vélaz Ciaurriz. Saguntum: Papeles del Laboratorio de Arqueología de Valencia, Nº Extra 2, 1999 (Ejemplar dedicado a: II Congrés del Neolític a la Península Ibèrica, 7-9 d'Abril, 1999), pags. 435-438

-*El Megalitismo en las Sierras de Illón y Leyre (Navarra): propuestas para su estudio desde un enfoque territorial.* David Vélaz Ciaurriz. Cuadernos de arqueología de la Universidad de Navarra, Nº 11, 2003, pags. 109-144

- *Quince nuevos megalitos en la estación Erakurri-Mendaur (Navarra).*Luis del Barrio, Iñaki Gaztelu, Luis Millán San Emeterio. Trabajos de arqueología Navarra, ISSN 0211-5174, Nº 12, 1995-96, pags. 43-62

- *Violencia y muerte en la prehistoria: el hipogeo de Longar (Viana, Navarra)* Susana Irigary Soto, Javier Armendáriz Martija. Revista de arqueología, Nº 168, 1995, pags. 16-29

- *Resumen de las excavaciones arqueológicas en el hipogeo de Longar (Viana, Navarra): 1991-1993.* Susana Irigaray Soto, Javier Armendáriz Martija. Trabajos de arqueología Navarra, Nº 11, 1993-1994, pags. 270-275

-*De Aldeas y ciudades. El poblamiento durante el primer milenio a.C. en Navarra.* Javier Armendáriz Martija. Gobierno de Navarra. Pamplona, 2008.

- *La Edad del Hierro y sus precedentes, en Alava y Navarra. Armando Llanos Ortiz de Landaluze.* Munibe. Nº 42 pags. 167-179. San Sebastián 1.990.

- *Las Eretas (Berbinzana, Navarra) 1991-1992.* Javier Armendáriz Martija. Trabajos de arqueología Navarra, Nº 11, 1993-1994, pags. 297-302

- *Los enterramientos infantiles del poblado de Las Eretas (Berbinzana): estudio paleoantropológico.* Javier Armendáriz Martija, María Paz de Miguel Ibáñez. Trabajos de arqueología Navarra, Nº 19, 2006, pags. 5-44

- *Poblado de las Eretas (Berbinzana): Campañas de 1994, 1995 y 1996.* Javier Armendáriz Martija. Trabajos de arqueología Navarra, Nº 12, 1995-96, pags. 298-303

- *Excavaciones en Navarra: campañas realizadas en el "Alto de La Cruz" de Cortes de Navarra, entre 1950 y 1952.* Octavio Gil Farrés. Príncipe de Viana, Año nº 14, Nº 50-51, 1953, pags. 9-46

- *Evolución arquitectónica del poblado protohistórico del Alto de la Cruz (Cortes de Navarra).* Gloria Munilla Cabrillana, Francisco Gracia Alonso. Poblamiento celtibérico / coord. por Francisco Burillo Mozota, 1995, pags. 41-58.

- *Un conjunto de estructuras de combustión en la H.88/21 del poblado prehistórico del Alto de la Cruz (Cortes de Navarra).*

Maria Mercè Bergadá Zapata, Gloria Munilla Cabrillana, Francisco Gracia Alonso, Carmen Cubero Corpas. Pyrenae: revista de prehistòria i antiguitat de la Mediterrània Occidental, Nº. 24, 1993, pags. 141-150.
- *Alto de la Cruz (Cortes, Navarra): campañas, 1986-1988*. Juan Maluquer de Motes, Gloria Munilla Cabrillana, Francisco Gracia Alonso. Trabajos de arqueología Navarra, Nº 9, 1990, pags. 11-245
- *Cortes de Navarra: exploraciones de 1983*. Juan Maluquer de Motes. Trabajos de arqueología Navarra, Nº 4, 1985, pags. 41-64.
- *Alto de la Cruz, Cortes (Navarra): campaña de 1986*. Juan Maluquer de Motes, Gloria Munilla Cabrillana, Francisco García Alonso. Trabajos de arqueología Navarra, Nº 5, 1986, pags. 111-132.
- *Cortes de Navarra: transición Bronce Final-Hierro en el valle del medio Ebro*. G. Munilla, Francisco Gracia Alonso, E. García López. Revista de arqueo-logía, Nº 160, 1994, pags. 14-21.
- *Contribución al estudio del estrato superior del poblado de Cortes de Navarra*. Juan Maluquer de Motes. Príncipe de Viana, Año nº 16, Nº 59, 1955, pags. 117-132.
- *La necrópolis de la Edad del Hierro de El Castillo (Castejón, Navarra). Primeras valoraciones: campañas 2000-2002*. José Antonio Faro Carba-lla, Mercedes Unzu Urmeneta. Complutum, V. 17, pags. 145-166. 2006.
- *Romanización. María Angeles Mezquíriz*. Gobierno de Navarra. Pamplona, 1987.
- *Una calzada romana a lo largo del valle del Arga*. Alberto Pérez de Laborda Pérez de Rada. Trabajos de arqueología Navarra, Nº 4, 1985 , pags. 144-155
- *Camino de Iguste: Prospección arqueológica*. Fernando Cañada Palacio, Mercedes Unzu Urmeneta. Trabajos de arqueología Navarra, Nº 13, 1997-98 , pags. 219-234.
- *La ciudad de Andelos (Mendigorría)*. María Angeles Mezquiriz Irujo.Trabajos de arqueología Navarra, Nº 12, 1995-96, pags. 310-317
- *Complejo hidráulico de abastecimiento de aguas a la ciudad romana de Andelos*. María Angeles Mezquiriz Irujo. XVII Congreso Nacional de Arqueología, 1985, pags. 809-816
- *Andelos: ciudad romana*. Jesús Sesma Sesma, María Inés

Tabar Sarrías, Fernando Cañada Palacio, Mercedes Unzu Urmeneta, José Luis Franchez Apezetxea. De la excavación al público : procesos de decisión y creación de nuevos recursos / coord. por Charo de Francia Gómez, Romana Erice Lacabe, 2005, pags. 261-268.

- *Placa de bronce con inscripción procedente de Andelos.* María Angeles Mezquiriz Irujo. Trabajos de arqueología Navarra, N° 17, 2004 (Ejemplar dedicado a: María Ángeles Mezquíriz Irujo), pags. 105-108

- *Andelos: secuencia estratigráfica y evolución cronológica.* María Angeles Mezquiriz Irujo. Trabajos de arqueología Navarra, N° 17, 2004 (Ejemplar dedicado a: María Ángeles Mezquíriz Irujo), pags. 179-192

- *P*avimento de "Opus signinum" con inscripción ibérica en Ande-*los.*María Angeles Mezquiriz Irujo. Trabajos de arqueología Navarra, N° 17, 2004 (Ejemplar dedicado a: María Ángeles Mezquíriz Irujo), pags. 399-402

- *Las excavaciones de Andelos (Mendigorría, Navarra).* María Angeles Mezquiriz Irujo. Noticiario arqueológico hispánico, N°. 21, 1985, pags. 175-180

- *La torre-trofeo de Urkulu.* María Angeles Mezquiriz Irujo. Trabajos de arqueología Navarra, N° 17, 2004 (Ejemplar dedicado a: María Ángeles Mezquíriz Irujo), pags. 109-116.

- *La torre-trofeo de Urkulu.* Jean-Luc Tobie, Mª Ángeles Merquíriz de Catalán. Príncipe de Viana. Anejo, N°. 14, 1992 (Ejemplar dedicado a: Conferencias y comunicaciones sobre Prehistoria, Historia Antigua e Historia Medieval), pags. 251-258

- *Cuencas mineras de época romana en Lanz.* María Inés Tabar Sarrías, Mercedes Unzu Urmeneta. Trabajos de arqueología Navarra, N° 5, 1986 , pags. 261-278

- *Localización de una explotación minera romana en Lanz (Navarra).* María Angeles Mezquiriz Irujo. XII Congreso Nacional de Arqueología. 1973. Vol. 35, página 577.

- *La antigua ciudad de los carenses.* María Angeles Mezquiriz Irujo. Trabajos de arqueología Navarra, N° 19, 2006, pags. 147-268

- *Memoria de la primera campaña de excavación en Santacara (Navarra).* María Angeles Mezquiriz Irujo. Noticiario arqueológico hispánico, N°. 4, 1976, pags. 351-358

- *Retrato masculino aparecido en las excavaciones de Santacara*

170

(Navarra). María Angeles Mezquiriz Irujo. Trabajos de arqueología Navarra, ISSN 0211-5174, Nº 17, 2004 (Ejemplar dedicado a: María Ángeles Mezquíriz Irujo), pags. 171-172.

- *Primera campaña de excavaciones en Santacara (Navarra).* Mª Ángeles Merquíriz de Catalán. Príncipe de Viana, ISSN 0032-8472, Año nº 36, Nº 138-139, 1975, pags. 83-110

-*Recinto amurallado de la ciudad de Olite.* Carmen Jusué Simonena.Trabajo de Arqueología Navarra, Nº 4, 1985, pags. 227-247

- *La villa romana de Arellano.* María Angeles Mezquíriz. Gobierno de Navarra, 2.003.

- *La villa de las Musas.* Eva Tobalina Oraá. Gobierno de Navarra, 2.008

- *Excavaciones en Navarra: la villa romana de Liédena.* Blas Taracena Aguirre. Príncipe de Viana, Año nº 10, Nº 37, 1949, pags. 353-382

- *Los mosaicos de la villa romana de Liédena.* María Angeles Mezquiriz Irujo. Trabajos de arqueología Navarra, Nº 17, 2004 (Ejemplar dedicado a: María Ángeles Mezquíriz Irujo), pags. 327-360

- *La villa romana de San Esteban de Falces (Navarra).* María Angeles Mezquiriz Irujo. Trabajos de arqueología Navarra, Nº 4, 1985, pags. 157-184

- *La villa romana de San Esteban de Falces (Navarra).* María Angeles Mezquiriz Irujo. Trabajos de arqueología Navarra, Nº 17, 2004 (Ejemplar dedicado a: María Ángeles Mezquíriz Irujo), pags. 221-246

- *Descubrimiento de una bodega romana en término de Funes (Navarra).* Jorge de Navascués y de Palacio. Principe de Viana, nº 76-77. Pamplona, 1959, pags. 227-228.

- *El acueducto de Alcanadre-Lodosa.* Mª Ángeles Merquíriz de Catalán. Trabajos de arqueología Navarra, Nº 1, 1979 , pags. 139-148

RUTAS PARA GPS

En este anexo se incluyen los enlaces a varias rutas de la conocida página Wikiloc donde se pueden descargar los tracks y waypoints que llevan a varios de los yacimientos arqueológicos detallados en este libro.

- Cueva de Abauntz:
https://es.wikiloc.com/rutas-senderismo/cueva-de-abauntz-julio-asuncion-665022

- Cueva de Zatoya:
https://es.wikiloc.com/rutas-senderismo/cueva-de-zatoya-abaurrea-alta-julio-asuncion-2011-06-19-1802710

- Dolmen de Sakulo:
https://es.wikiloc.com/rutas-senderismo/el-dolmen-de-sakulo-valle-de-belagua-julio-asuncion-305599

- Dolmen de Arrako:
https://es.wikiloc.com/rutas-senderismo/kartxela-binbaleta-larrondoa-dolmen-de-arrako-julio-asuncion-428215

- Menhires de Iruñarri
https://es.wikiloc.com/rutas-senderismo/ezkurra-irunarri-irakurri-megalitos-menhir-de-irunarri-julio-asuncion-2010-03-26-878262

- Dólmenes de Artajona:
https://es.wikiloc.com/rutas-senderismo/dolmenes-de-artajona-julio-asuncion-2011-01-14-info-clik-aqui-1444143

- Hipogeo de Longar:
https://es.wikiloc.com/rutas-senderismo/hipogeo-de-lon-gar-julio-asuncion-1209119

- Torre de Urkulu y estación megalítica de Azpegi:
https://es.wikiloc.com/rutas-senderismo/torre-de-urkulu-estacion-megalitica-de-azpegi-julio-asuncion-2726219

- Minas romanas de Lanz:
https://es.wikiloc.com/rutas-senderismo/lantz-minas-ro-manas-julio-asuncion-2010-02-03-730030

- Villa romana de San Esteban:
https://es.wikiloc.com/rutas-senderismo/falces-el-pilon-vi-lla-romana-de-san-esteban-julio-asuncion-280838

La Guía arqueológica de Navarra, está protegida
con derechos de autor mediante inscripción en el
Registro de la Propiedad Intelectual
(NA-0198/10)

Con la compra de este libro estás colaborando
al mantenimiento de los blogs y del canal Youtube
del autor. Hasta el año 2018 suman más de
3.000.000 de visitas a contenidos relacionados
con Navarra.
        Y es que conocer Navarra merece la pena...

NOTAS